MANIPOLAZIONE MENTALE

Una Guida Completa per Apprendere la Persuasione, la Manipolazione, la Lettura del Corpo, la Psicologia Oscura e Come Influenzare segretamente il Comportamento delle Persone

Leonardo Martinelli

INDICE

INTRODUZIONE

A volte ti senti di essere solo una pedina in una partita a scacchi di qualcun'altro? Sei stanco di essere in ogni momento manipolato? Ti piacerebbe riconoscere e discernere le emozioni autentiche negli altri per proteggerti dagli abusi e dalle manipolazioni emotive? Allora tutto quello che ti serve è questo libro. Psicologia Nera: Una Guida Completa alla Persuasione, Manipolazione, Lettura del Linguaggio del Corpo ti aiuta a capire più delle semplici basi del comportamento umano. Ti porta in un viaggio approfondito che esamina i recessi più oscuri della mente umana e offre passaggi pratici ricchi di informazioni per costruire le tue difese psicologiche.

In questa guida, imparerete le informazioni di base sulla psicologia oscura, come identificare e distinguere la realtà anche quando è magistralmente nascosta in una rete di bugie, aspetti della vostra vita quotidiana che ti rendono suscettibile alle manipolazioni di altre persone, un programma in cinque fasi per aiutarti a liberarti se ti consideri una vittima del lavaggio del cervello o della manipolazione.

Potrebbe anche essere che sei semplicemente curioso di sapere come funziona la psicologia oscura e vuoi sapere come praticarla su te stesso, questo è un libro che analizza questo fenomeno complesso nei termini più semplici e spiega i cinque aspetti principali della psicologia oscura in modo pratico, cominciando con i loro significati, procedendo poi alle loro fasi e alle tecniche adottate nell'esecuzione di questi processi.

Ci sono molte informazioni sulle diverse forme di controllo mentale nel mondo. Sebbene alcune richiedono molto tempo e grandi sforzi per manipolare la mente del soggetto, come nel caso del lavaggio del cervello, altre accadranno nella vita quotidiana, come l'inganno, la coercizione e la persuasione. Conoscere queste diverse forme di controllo mentale renderà anche più facile regolare la propria mente e limitare l'influenza che gli altri hanno sui propri sistemi di valori e identità. Sarai anche in grado di applicare alcune strategie attraverso lo studio di queste diverse tecniche di controllo della mente e anche aiutare gli altri utilizzando il processo di controllo ipnotico della mente.

Questo libro contiene affermazioni di fatto e regole riguardo alla psicologia oscura elaborate da uomini importanti della scienza come Derren Brown e Braid. Il libro fa un lavoro efficace di demistificazione della psicologia oscura e ti fornisce una conoscenza che puoi usare sia per difenderti che per usarla quando nei avrai bisogno durante la tua vita quotidiana. Quindi, se sei interessato, vai alla pagina successiva e preparati a cambiare la tua vita nel momento in cui intraprenderai questo viaggio per esplorare le estremità e le capacità della mente umana. Dal momento che inizi il viaggio ricorda sempre di riconoscere i modi che si dovrebbe cambiare/migliorare e di pianificare l'adozione di azioni pratiche per migliorare. Inizieremo demistificando il termine 'psicologia oscura'.

CAPITOLO UNO
NOZIONI FONDAMENTALI RIGUARDO ALLA PSICOLOGIA OSCURA
COS'E' LA PISCOLOGIA OSCURA?

Come descritto da J.R.R. Tolkien ne Lo Hobbit, "Non può essere visto, non può essere ascoltato, non può essere annusato, si nasconde dietro le stelle e sotto le colline e nelle buche vuote che riempie, viene prima e segue dopo. Mette fine alla vita, uccide la risata".

La mente è uno degli aspetti più affascinanti della natura umana. Il funzionaento della mente è qualcosa che ci ha affascinato e interessato per tutto il tempo che possiamo ricordare. Filosofi, psicologi e scienziati tentarono di risolvere le complessità della mente. È convinzione generale che la nostra condotta e le nostre azioni sono influenzate dalla mente umana. Dunque, molto del lavoro empirico ha cercato di comprendere l'attività mentale di una persona, sia buona che cattiva, prima di agire.

Molti sforzi per studiare la mente umana si sono concentrati sul cervello. Questi esperimenti indagano gli aspetti fisici del cervello con un'enfasi su come la conoscenza è ottenuta, elaborata, interpretata e memorizzata. In definitiva, puntiamo ad ottenere una migliore comprensione di come il modo di pensare di una persona può essere influenzato dal cervello. Tali studi hanno anche aperto la strada per il miglioramento nel trattamento di disturbi deterioranti come l'Alzheimer, problemi di vista, e anche la perdita di memoria. La psicologia è l'aspetto più comune della scienza della mentale umana.

Abbiamo visitato uno psicologo ad un certo punto delle nostre vite o abbiamo conosciuto qualcuno con cui relazionarci per controllare le nostre battaglie emotive più dure. Le esperienze della vita ci distruggono molte volte in modi che non possiamo risolvere da soli. Il deterioramento deriva anche da alcuni marcatori biologici che abbiamo ereditato dai nostri genitori. Le nostre esperienze quotidiane sono oscurate da sentimenti come depressione, ansia e paura, che rendono difficile sopravvivere. Possiamo proteggerci dall'oscurità che abbiamo dentro di noi con una combinazione di farmaci e terapia. Ma che dire dell'oscurità presente negli altri?

Ognuno ha il potenziale per fare del grande bene. Ma abbiamo la capacità di procurare grande male. All'interno di emozioni come il dolore, l'ansia, l'eccitazione o la felicità, c'è un profondo impulso nascosto che può portarci a danneggiare intenzionalmente gli altri a meno che tali impulsi non siano sotto controllo. Questi desideri più oscuri sono incorporati negli istinti più primitivi che stimolano la nostra sopravvivenza, come la nostra reazione al volo o alla lotta. A volte una sola parola qualifica la risposta umana a queste emozioni oscure... il male.

La psicologia oscura è uno studio della condizione umana in relazione alla propensione psicologica dell'essere umano a predare gli altri. In altri termini, la psicologia oscura esamina l'aspetto della natura umana che ci permette di intraprendere azioni che intenzionalmente e consapevolmente possono ferire i nostri simili. In questo senso, l'uso della preda non si traduce necessariamente nel danno fisico di una persona, anche se un ramo della psicologia oscura è interamente dedicato a questo. Nei prossimi capitoli affronteremo brevemente questi aspetti per comprendere meglio l'argomento.

Potresti incontrare parole o frasi in film o libri che si riferiscono "all'oscurità interna". Questo è stato anche accennato da alcuni dei filosofi più famosi. L'accreditato libro di Christian parla di come "il cuore dell'uomo è profondamente il male." Tutti abbiamo scoperto almeno una persona, che ritenevano solitamente calma o riservata in ambienti sociali, perpetrare un atto talmente subdolo da rendere difficile collegare quell'atto con la persona in questione. A volte siamo quell'individuo. Non è del tutto scioccante, per quanto possa sembrare sorprendente. Anche innescando risposte a condizioni esterne in tali circostanze. Così parlando, il vaso è agitato e le emozioni scure si nascondono sotto la fredda superficie. Generalmente retrocedono quando viene esercitato il controllo. Quando vengono premuti i "pulsanti" sbagliati, ognuno ha una tendenza latente ad essere un po' distruttivo e semplicemente malvagio. D'altra parte, alcuni altri individui hanno il controllo completo su queste emozioni oscure. Li coltivano, li nutrono, e li rilasciano deliberatamente a danno di un'altra persona quando si adatta ai propri scopi.

A volte, fin da piccoli, queste emozioni sono curate. Un bambino, as esempio, impara che gli adulti nella loro vita si affrettano a fare i loro impegni se lui o lei piange. Se i genitori non correggono bambino abbastanza presto, questo crescerà credendo che le persone nella loro vita possono essere manipolate a proprio piacimento. Il pianto cesserà di essere uno strumento mentre crescono, ma continueranno con altri modi manipolativi. Usano le emozioni per minacciare le loro vittime al posto delle lacrime. Quindi quello che è iniziato come un innocente comportamento infantile diventa un oscura abitudine che bisogna regolare.

Gli sforzi praticati da questo individuo possono determinare la gravità delle loro azioni. La psicologia oscura riguarda la ricerca di una persona come processo mentale. Cerca di capire la motivazione alla base di questi comportamenti, i modelli da seguire prima che tali atti siano fatti, e getta più luce su come una persona può spontaneamente smettere di praticare quelle azioni sapendo il dolore e lo spavento che può arrecare ad un'altra persona. La psicologia oscura illumina il lato oscuro della natura umana.

L'impatto e gli effetti della Psicologia Oscura

Ursula K. Le Guin ha affemrato che "Quando accendi una candela, getti anche un'ombra".

Dal quel poco che ora comprendiamo sulla psicologia oscura, sappiamo che determinati tratti della personalità legati alla psicologia oscura sono coinvolti in alcuni dei reati criminali più inquietanti. Ma è un effetto collaterale più grande. Voglio che io e te ci avviciniamo a casa. Come ci sta influenzando questa psicologia oscura... se ci influenza? Posso dirvi che questo problema non ha "se" e ci piacerebbe capire come in pochi brevi momenti. Sia il colpevole che la vittima sperimentano gli effetti della psicologia oscura. Abbiamo bisogno di esplorare alcuni aspetti della psicologia oscura per conoscerne gli impatti. Le persone che mostrano tali tipi di comportamento considerati misteriosi come narcisismo, psicopatia, o machiavellismo probabilmente sperimenteranno problemi in tutti gli aspetti delle loro relazioni. Hanno una maggiore propensione a commettere un crimine se tutti e tre i tratti sono presenti in una persona. I tre tratti di personalità sopra menzionati hanno caratteristiche specifiche raggruppate tra loro.

Ad esempio, il narcisismo è caratterizzato da un senso di titolarità, emozioni di superiorità, intensa gelosia dei traguardi altrui e comportamento che tende allo sfruttamento. La psicopatia ha come alcune delle caratteristiche principali un'assenza di coscienza, un'assenza di empatia, un comportamento impulsivo distruttivo, l'egocentrismo e l'incapacità di accettare la responsabilità. Le caratteristiche machiavelliche sono segni di egoismo, spietatezza e comportamento ingannevole. Questi atteggiamenti sono fastidiosi individualmente, ma possono essere pericolosi se uniti. In particolare nel rapporto tra un individuo e gli altri.

Per esempio, consideriamo una persona sul posto di lavoro; lo scarso rendimento sul posto di lavoro anche con i compiti più banali, l'interrompere la produttività a causa dell'incapacità di andare d'accordo con gli altri. Ciò risulterebbe molto fastidioso per gli altri.

La loro impulsività li porterà a prendere decisioni discutibili che non sono morali quando sono collocati in una posizione amministrativa, sono più propensi a commettere reati da colletto bianco, ma non è solo il loro rendimento lavorativo a soffrire.

Essi sono tenuti ad affrontare i seguenti problemi nelle loro relazioni. Il loro costante bisogno di attenzione e approvazione può essere scoraggiante per il loro partner, con una conseguente fine del rapporto più veloce. Ricorrono a ricatti fisici ed emotivi per controllare i loro coniugi. Sembrano essere verbalmente, psicologicamente o fisicamente aggressivi verso i loro partner e bambini. Le persone che hanno interazioni con loro pagano un alto costo emotivo. Se hai incontrato una persona le cui relazioni sono segnate da questi incontri, per la tua sicurezza e il tuo benessere cerca di evitarli. Se, d'altra parte, sei quello che sta provando ciò, richiedi l'assistenza terapeutica di cui hai bisogno per migliorare. Non importa quanto siano radicate queste cose, con la corretta forma di terapia, si possono cambiare le proprie azioni e percezioni.

Il più grande impatto della psicologia oscura su chiunque è che produce un forte senso di perdita. Stiamo perdendo i nostri valori, stiamo perdendo i rapporti, stiamo perdendo noi stessi (spiegherò ciò a breve) e stiamo perdendo le nostre vite per coloro che sono estremamente infelici. Dati tutti questi elementi, si può dire che questo fenomeno delle ombre è molto radicato. Se una persona esibisce uno dei tratti della personalità oscura, secondo gli esperti, c'è una tendenza molto alta per la persona a mostrare gli altri. In generale, se i membri più grandi della società mostrano queste caratteristiche, è probabilmente corretto affermare che i tassi di perpetrazione del crimine saranno significativamente elevati in quella società.

Quanto sei vulnerabile alla psicologia oscura?

Siamo addestrati a mostrare forza, a non cedere mai e a non permettere a nessuno di vedere le nostre paure. Questo perché ci è stato detto che andare contro queste linee guida porterà la gente a considerarti debole e vulnerabile. Sfortunatamente, è proprio la cosa che ci distingue dagli altri esseri viventi e che è diventata la radice dei nostri punti di forza e della nostra debolezza. Ed è la nostra umanità. Semplicemente perché siamo umani, siamo vulnerabili. Alcune cose che ci rendono vulnerabili sono i nostri sogni, le nostre aspettative, le nostre ambizioni, la nostra ricerca di vivere una vita trascendente.

Ma il giorno in cui cesseremo di avere queste cose, cesseremo di essere umani, e quando non saremo più umani, diventeremo la cosa contro la quale cerchiamo di proteggerci. Quando smettiamo di credere, una volta che smettiamo di preoccuparci, o quando smettiamo di essere vulnerabili, diventiamo questi individui senz'anima la cui unica missione è quella di soddisfare spietatamente le loro voglie desiderate, indipendentemente da chi sarà danneggiato nel processo. Detto questo, anche se ci rendiamo conto che la nostra natura ci rende fragili, non dobbiamo dimenticare che possiamo anche trarne forza. Pertanto, invece di chiudere le opportunità di costruire relazioni con gli altri, quando si tratta di affrontare i tuoi bisogni e sentimenti, devi rimanere aperto, ma stare attento.

I tuoi sentimenti possono servire come un navigatore che ti indirizza verso i tuoi bisogni, e certi sentimenti agiscono come protezione biologica contro minacce come quelle di cui abbiamo parlato. E mentre discutiamo l'argomento in profondità, capirai cosa sono questi sentimenti; e come insegnare a te stesso ad identificare quelle emozioni.

Significa semplicemente che siamo tutti vulnerabili alla psicologia oscura, e ciò potrebbe verificarsi sotto forma di fede cieca e credenze religiose, condizionamenti sociali, cicatrici emotive, ambizioni e aspirazioni. Tutto questo potrebbe essere o metterci sotto qualche forma di controllo mentale. In questo libro, tuttavia, identificheremo diversi aspetti del controllo mentale e del loro funzionamento.

SINTESI

Chiedi a te stesso:

Ho in qualche modo (attraverso la religione, una relazione, la politica, l'associazione) reso me stesso vulnerabile nei confronti degli altri che vogliono approfittarsi di me con la pratica della psicologia oscura?

Quali passi o azioni concrete devo intraprendere per contrastare tale influenza?

CAPITOLO DUE
CONTROLLO MENTALE

Controllo Mentale è il termine coniato dal mago britannico Derren Brown che descrive un tipo di magia comprendente il controllo del comportamento umano, la manipolazione e la previsione.

Il controllo mentale è un concetto che per molti anni ha incuriosito le persone. I media e i film hanno raccontato storie di gruppi di persone che sono stati sottoposti a lavaggio del cervello e ipnotizzati per fare qualcosa che altrimenti non avrebbero mai fatto. Ci sono persone su entrambi i lati della questione; molti sostengono che non esiste una cosa come il controllo mentale e che è tutto inventato, mentre altri credono che il controllo mentale può influenzarli in qualsiasi momento.

Questa guida intende spiegare alcuni diversi tipi di controllo mentale, come funzionano e se possono avere un impatto sulla vita quotidiana. Da molti anni ormai, il concetto di controllo mentale esiste. Le persone erano incuriosite e terrorizzate da ciò che sarebbe successo se qualcuno avesse manipolato le loro menti e fatto fare loro cose contro la loro volontà. Ci sono molte teorie cospirative riguardo ai funzionari di governo e di altre persone potenti che usano i loro poteri per influenzare ciò che fanno i piccoli gruppi di persone.

CIA Tenta di Utilizzare il Controllo Mentale

Il Progetto MKUltra (o MK-Ultra), noto anche come programma di controllo mentale della CIA, è un esempio di nome in codice dato ad un programma di esperimenti su soggetti umani realizzato e condotto dalla U.S. Central Agency for Intelligence - e talvolta illegali. Gli studi umani mirano a scoprire e progettare farmaci e tecniche da utilizzare negli interrogatori per manipolare le persone e indurre confessioni attraverso il controllo mentale. Il programma è stato gestito dal CIA Scientific Intelligence Office e in coordinazione con i laboratori di guerra biologica dell'esercito degli Stati Uniti. Progetto Bluebird e Progetto Artichoke sono nomi in codice di test correlati alla droga. I documenti della CIA mostrano che, come parte di MKUltra, hanno esplorato metodi di controllo psicologico "chimici, biologici e radiologici". Hanno speso per questo presunto progetto di controllo mentale circa 10 milioni di dollari o anche di più.

Anche in alcuni casi giudiziari è stato utilizzato il lavaggio del cervello per giustificare l'azione di un crimine che è stato commesso e di cui si è accusati. Data la drammatizzazione del controllo mentale rappresentata nei media e nei film, poco si sa sui diversi tipi di controllo mentale e su come ognuno di essi funziona.

Tipologie di Controllo Mentale

Sebbene ci siano molti tipi di controllo mentale che possono essere utilizzati per manipolare la vittima designata, i più diffusi sono cinque. Questi comprendono l'ipnosi, il lavaggio del cervello, la coercizione, l'intimidazione e l'inganno. Questi saranno tutti discussi di seguito.

Lavaggio del cervello

La prima forma di controllo mentale da discutere è il lavaggio del cervello. Il lavaggio del cervello è semplicemente il metodo per convincere qualcuno a rinunciare alle credenze che aveva precedentemente per abbracciare nuove idee e valori. Ci sono molti modi attraverso cui ciò può essere ottenuto anche se non tutti sono considerati cattivi. Per esempio, se provieni da un paese africano e ti trasferisci in America, sarai spesso costretto a cambiare i tuoi valori e ideali per adattarti alla nuova cultura e al nuovo ambiente in cui ti trovi. D'altra parte, chi ha vissuto nei campi di concentramento o sotto un regime dittatoriale spesso avviene il processo di lavaggio del cervello per convincere i cittadini ad adattarsi pacificamente.

Spesso le persone fraintendono cosa sia il lavaggio del cervello. Molte persone hanno teorie più ciniche sulla pratica, come i sistemi di controllo mentale sponsorizzati dal governo, che si ritiene siano facilmente eseguiti come con un telecomando. D'altra parte, ci sono scettici i quali credono che il lavaggio del cervello non sia affatto fattibile e chi dice il contrario mente. La maggior parte dell'attività di lavaggio del cervello cadrebbe nel mezzo di queste due posizioni.

Durante la pratica del lavaggio del cervello, il soggetto sarà convinto da una combinazione di diverse strategie a cambiare le sue convinzioni riguardo a qualcosa. Durante questo processo, non c'è solo una strategia che può essere utilizzata, quindi può essere difficile riassumere l'intera pratica. Il soggetto sarà per lo più privato di tutte le cose che sa. Da lì sarà ridotto ad uno stato emotivo che lo renderà insicuro prima dell'introduzione di nuovi concetti. Poiché queste nuove informazioni vengono elaborate dal soggetto, verrà elogiato per la condivisione di pensieri che accompagnano queste nuove idee. La giustificazione è ciò che verrà utilizzata per aiutare il lavaggio del cervello in corso. Il lavaggio del cervello non è una cosa moderna per la società.

Tali metodi sono stati utilizzati dalle persone per molto tempo. Chi è stato vittima di conflitti, ad esempio, è stato spesso distrutto in un determinato contesto storico prima di essere convinto a cambiare posizione. Alcuni di questi casi di maggior successo trasformerebbero il condannato in un fervente convertito alla nuova parte. All'inizio, queste strategie erano molto comuni e venivano spesso applicate in base a chi era responsabile. La teoria del lavaggio del cervello è stata sviluppata nel tempo e sono state introdotte altre tecniche per renderla più popolare. Le nuove strategie si baseranno sul campo della psicologia poiché molti di questi concetti sono stati utilizzati per dimostrare che le persone manipolate potrebbero cambiare idea.

La strategia del lavaggio del cervello è accompagnata da molti passaggi. Non è qualcosa che ti succederà solamente mentre cammini per strada e parli con qualcuno che hai appena incontrato. Prima di tutto, uno dei requisiti principali che derivano da un lavaggio del cervello di successo è mantenere il soggetto separato. Se il soggetto infatti è circondato da altre persone ed esperienze, potrebbe imparare a pensare come una persona e non ci sarà alcun lavaggio del cervello.

Una volta che il soggetto è solo, passerà attraverso un processo di distruzione di se stesso. Gli viene detto che tutte le cose che sa sono sbagliate. Il soggetto si sentirà come se stesse male dopo mesi passati in questo modo, e la vergogna potrebbe sopraffarlo. Dopo aver raggiunto questo punto, l'agente può iniziare a guidarli verso il nuovo sistema ideale di credenze e identità. Il soggetto sarà portato a credere che tutte le nuove scelte siano proprie e quindi è più probabile che le accetterà.

L'intero processo di lavaggio del cervello può richiedere diversi mesi o addirittura anni. Non è qualcosa che accadrà durante una discussione e non potrà accadere al di fuori dei campi di prigionia. Il Capitolo 3 entrerà più in dettaglio su ciò che accade durante le tre fasi principali del lavaggio del cervello e su come si svolge l'intero processo.

Ipnosi

Il prossimo ben noto tipo di controllo mentale è l'ipnosi. Ci sono molte definizioni di cosa sia l'ipnosi. L'ipnosi è un'esperienza collaborativa in cui l'ipnotizzatore fornisce istruzioni a cui il cliente deve reagire, secondo l'American Psychological Association. A causa di spettacoli famosi in cui ai partecipanti viene chiesto di fare cose assurde e strane, la maggior parte delle persone ha familiarizzato con le tecniche dell'ipnosi. Un'altra forma di ipnosi comune è quella che utilizza questo approccio per benefici psicologici o clinici, soprattutto quando si tratta di diminuire l'ansia e il dolore.

L'ipnosi è stata in grado di ridurre i sintomi della demenza in alcuni pazienti in determinate situazioni. Come puoi vedere, l'ipnosi può essere utilizzata per molti motivi diversi. Ma quando l'ipnotizzatore può creare influenze, che possono essere dannose, al fine cambiare il modo in cui il cliente agisce nel suo ambiente, questo è il punto in cui inizia a diventare controllo mentale.

Ogni volta che sentiamo parlare di ipnosi, la maggior parte delle persone pensa ad una persona sul palco che fa oscillare un orologio avanti e indietro per condurre il soggetto in trance. Se sei stato a uno spettacolo teatrale di intrattenimento, potresti avere alcune ricordi degli atti ridicoli eseguiti dai partecipanti nella tua testa. In realtà, coloro che subiscono quella che è considerata una vera ipnosi attraversano un processo che è molto diverso da ciò. "L'individuo non è ipnotizzato dall'ipnotizzatore. L'ipnotizzatore serve invece come una sorta di allenatore o tutor il cui compito è aiutare la persona a essere ipnotizzata", ha detto John Kihlstrom. Ciò significa che l'ipnotizzatore lavora per portare il partecipante in uno stato mentale diverso al fine di essere più aperto ai suggerimenti dati.

Molti delle persone sottoposte ad ipnosi credono di essere in uno stato di trance simile al sonno. Dati tali sentimenti, il paziente è in una condizione ipnotica che implica sogni vividi, potenziati in modo suggestivo, e attenzione focalizzata. Questo nuovo stato consente loro di essere più ricettivi ai suggerimenti dell'ipnotizzatore.

Gli effetti che l'ipnosi può avere sui soggetti sono difficili da descrivere in quanto i risultati possono differire abbastanza per ogni individuo che ne fa esperienza. Alcuni partecipanti riferiranno di sentirsi distaccati dall'intera esperienza, alcuni si sentiranno estremamente rilassati durante l'ipnosi, e altri ancora presumeranno che le loro azioni si siano svolte al di fuori delle loro scelte coscienti. Dall'altra parte, le persone diranno di essere completamente consapevoli di ciò che li circonda e saranno persino in grado di condurre interazioni durante il loro stato ipnotico.

Diversi studi di Ernest Hilgard indicano che l'ipnosi può essere utilizzata per cambiare le esperienze dei partecipanti. Lo studio di Hilgard consisteva in istruzioni da dare ad un soggetto al fine di non provare alcun dolore al braccio. Dopo avergli detto ciò, il soggetto ha messo il braccio in un pò d'acqua ghiacciata. Coloro che hanno eseguito questo test e non sono stati ipnotizzati hanno dovuto togliere le braccia dall'acqua dopo pochi secondi perché sentivano dolore. Coloro che erano ipnotizzati invece avrebbero tenuto le braccia nell'acqua senza provare dolore per alcuni minuti. Sebbene siano necessari ulteriori studi, questo esperimento mostra quanto può essere forte il controllo mentale quando si utilizza il metodo dell'ipnosi. Gli studi hanno dimostrato che l'ipnosi può essere utilizzata in molte applicazioni:

- Gestione del dolore cronico come quello associato all'artrite reumatoide.

- Trattamento e riduzione del dolore del parto.

- Riduzione dei sintomi della demenza.

- Dopo aver usato l'ipnoterapia, molte persone con ADHD hanno riportato una riduzione dei loro sintomi.

- Riduzione del vomito e della nausea nei pazienti con chemioterapia.

- Gestione del dolore durante le procedure dentistiche.

- Elimina e minimizza le malattie della pelle come la psoriasi e le verruche.

- Alleviamento dei sintomi della sindrome dell'intestino irritabile.

Questi sono solo alcuni degli usi comuni dell'ipnosi. Mentre molte persone si sbagliano nell'usare l'ipnosi per manipolare un soggetto e fargli compiere atti orrendi o rifiutare i propri valori, gli usi più comuni sono quelli volti a migliorare la salute delle persone.

La maggior parte degli esperti concorda sul fatto che il risultato dell'ipnosi non è vera realtà come con il metodo del controllo mentale. Anche se può essere possibile convincere la mente del soggetto a migliorare determinati comportamenti e azioni, è impossibile che il soggetto possa alterare il suo intero sistema di credenze solo attraverso questo processo. Molte delle persone che sono addestrate in questo campo lo useranno per aiutare il soggetto a migliorare se stesso e a gestire lo stress piuttosto che cercare di prendere il controllo delle loro menti.

Manipolazione

Questa è un'altra forma di controllo mentale che può essere utilizzata per decidere come la persona dovrebbe sentirsi attraverso modi diversi. In questa guida, la manipolazione si riferisce alla manipolazione psicologica. Questo è un tipo di influenza sociale che mira a cambiare le azioni o il pensiero di altre persone. Ciò si ottiene utilizzando tattiche coercitive, manipolative e subdole. Questa forma di controllo mentale viene utilizzata per esaudire i propri desideri manipolatori, spesso a scapito degli altri. Le tecniche utilizzate sono spesso note come ingannevoli, offensive e basate sullo sfruttamento.

La maggior parte delle persone si accorgerà se viene manipolata e se altri vengono manipolati intorno a loro, ma non la identificano come una forma di controllo mentale. Spesso può essere una forma di controllo mentale difficile da prevenire perché il più delle volte manipolazione avverrò tra il soggetto e qualcuno che si conosce bene.

La manipolazione rimuove i sentimenti del soggetto in quanto non ha scelta in materia. Verranno raccontate loro bugie o mezze verità e non si accorgeranno dell'intera portata della situazione finché non sarà troppo tardi. Quando scoprono in anticipo la situazione, l'agente può minacciare il soggetto per raggiungere l'obiettivo finale. Il soggetto fondamentalmente si bloccherà perché l'agente lo avrà manipolato in modo tale da non mettersi nei guai, il soggetto si prenderà la colpa o addirittura si ferirà, e l'agente potrà raggiungere il suo obiettivo.

La cosa più pericolosa è che all'agente non interessano i sentimenti del soggetto o di qualsiasi altra persona; a loro non importa se il soggetto alla fine viene ferito, sia che si tratti di un danno emotivo o fisico. Mentre il soggetto sarà coinvolto emotivamente nella situazione, l'agente potrà andarsene (purché raggiunga il suo obiettivo finale) senza provare alcun rimorso o rimpianto per ciò che è accaduto lungo il percorso. Questa può essere una forma pericolosa di controllo mentale perché l'agente sarà un esperto in materia, capace di ricattare, minacciare e fare qualsiasi altra cosa sia necessaria; a volte possono persino essere in grado di cambiare le cose in modo che il soggetto abbia la sensazione di impazzire.

Persuasione

La persuasione è un'altra forma di controllo mentale simile alla manipolazione in quanto agisce per manipolare le azioni, le emozioni, i desideri, gli atteggiamenti e le credenze del soggetto. Ci sono molte ragioni per cui la persuasione può essere utilizzata nella vita quotidiana, ed è spesso una forma di comunicazione necessaria per allineare persone con idee diverse. Negli affari, ad esempio, il meccanismo di persuasione verrà utilizzato per cambiare l'atteggiamento di una persona verso un oggetto, un concetto o un'attività che si sta svolgendo. Che siano scritte oppure no, durante il processo di persuasione verranno usate delle parole per comunicare la logica, i pensieri o i dati dell'altra persona.

Un altro modo attraverso cui si può usare la persuasione è per ottenere un guadagno personale. Ciò comprende per esempio la campagna pubblicitaria per le vendite o la campagna elettorale. Sebbene nessuna di queste forme di persuasione sia considerata cattiva o malvagia, sono comunque usate per persuadere il pubblico ad agire o pensare in qualche modo. Una definizione di persuasione è che si basa sull'utilizzo del proprio potere privato o situazionale per cambiare le percezioni o le azioni degli altri. Sono stati identificati diversi tipi di persuasione; il metodo per alterare punti di vista e atteggiamenti è noto come persuasione sistemica mediante appelli alla ragione e alla logica; il metodo di manipolare credenze e atteggiamenti attraverso un appello emotivo o inconscio è noto come persuasione euristica.

Una persuasione è una forma di coercizione mentale che viene continuamente utilizzata nella società. Puoi provare a persuadere qualcuno a pensare nello stesso modo in cui pensi tu quando parli con qualcuno di politica. Sei persuaso a votare in un certo modo quando ascolti una campagna politica. C'è molto da convincere se qualcuno sta cercando di venderti un nuovo prodotto. Questa forma di controllo mentale è così comune che la maggior parte delle persone non capisce nemmeno che sta accadendo a loro. Il problema si verifica quando qualcuno si impegna a convincerti ad accettare idee e credenze che non si adattano al tuo sistema di valori.

Sono disponibili molti tipi di persuasione. Non tutti hanno un fine malvagio, ma tutti cercheranno di convincere il soggetto a cambiare idea su qualcosa. Quando un candidato politico è in tv, il giorno delle elezioni cerca di far votare il soggetto, o l'elettore, in un certo modo. L'azienda che ha commissionato la pubblicità sta tentando di convincere il soggetto ad acquistare l'articolo quando vedi uno spot pubblicitario in televisione o online. Tutti questi sono metodi di persuasione che cercano di cambiare il modo di pensare del soggetto.

Inganno

Infine, anche l'inganno è visto come una forma di controllo mentale a causa dell'effetto che può avere sul soggetto. L'inganno viene utilizzato per diffondere idee riguardo a eventi e cose che semplicemente non sono vere nel contenuto, siano esse bugie complete o solo bugie parziali. La manipolazione può includere molte cose diverse, tra cui la manipolazione con la mano, l'occultamento, il travestimento, l'evasione. Questo tipo di controllo mentale è molto pericoloso perché spesso non è chiaro al soggetto che non c'è affatto controllo mentale. Veniamo convinti che quando l'esatto contrario è sbagliato, allora una cosa è vera. Ciò può diventare problematico se i dati che potrebbero proteggere il soggetto vengono oscurati con l'inganno.

Spesso durante le relazioni si manifesta l'inganno e di solito porta a sentimenti di sfiducia e tradimento tra le due parti. Quando si verifica l'inganno, le regole della relazione vengono infrante e possono rendere complicato per il partner fidarsi dell'altro per molto tempo. Può essere particolarmente dannoso perché la maggior parte delle persone si fida di coloro che li circondano, in particolare i partner e gli amici, e si aspetta che la maggior parte di loro sia onesta con loro. Se scoprono di essere ingannati da qualcuno a cui sono vicini, potrebbero avere poi problemi a fidarsi degli altri e non avranno più il senso di sicurezza a cui sono abituati.

L'inganno in una relazione o tra agente e soggetto può causare molti problemi. In futuro, il soggetto avrà molti problemi a fidarsi dell'agente quando scoprirà l'inganno. In molte occasioni la relazione sarà compromessa a causa dell'inganno. Sarebbe come non dire al partner quando qualcuno pensa qualcosa su di loro che implica qualcos'altro. A volte, l'inganno è di natura più dispettosa e dannosa, come quando l'agente nasconde informazioni importanti al soggetto o addirittura si finge un'altra persona. Molte persone concordano sul fatto che l'inganno è insidioso e non dovrebbe essere fatto, indipendentemente dal tipo di inganno che viene elaborato.

Passiamo ora a una discussione approfondita di questi vari tipi di controllo mentale che ti aiuteranno a decifrare se sei sotto l'influenza di qualcuni e come liberarti usando questi controlli mentali a tuo vantaggio.

SINTESI

Mentre segui questa guida ed esplori forme di psicologia oscura che puoi perfezionare, usa sempre questo formato per valutare te stesso e le azioni che intraprenderesti:

Riconosco che potrei migliorare [area di miglioramento]. Decido di farlo attraverso [azione].

CAPITOLO TRE
LAVAGGIO DEL CERVELLO

Il lavaggio del cervello, attraverso tecniche psicologiche, cambia e regola la mente di una persona, di solito contro la sua volontà. Si dice che il lavaggio del cervello riduca la capacità del soggetto di pensare in modo critico e indipendente, per consentire l'introduzione nella mente del soggetto di nuovi pensieri e idee sgradite e per modificarne il comportamento, i valori e le convinzioni.

Affinché il lavaggio del cervello funzioni in modo efficace, a causa della sua influenza dirompente sul soggetto, quest'ultimo dovrà attraversare un isolamento completo e una dipendenza. Questo è uno dei motivi per cui molti dei casi di lavaggio del cervello si sono verificati nei culti totalisti e nei campi di prigionia. Il lavaggio dei cervello, o l'agente, deve avere il pieno controllo del soggetto. Ciò significa che devono controllare le abitudini alimentari, i modelli di sonno e soddisfare gli altri bisogni umani del soggetto, e nessuna di queste azioni può avvenire senza la volontà dell'agente. Durante questo processo, l'agente lavorerà per scomporre sistematicamente l'intera identità del soggetto in modo che non funzioni più correttamente. L'agente deve cercare di sostituire l'identità con i valori, gli atteggiamenti e le azioni corretti una volta persa l'identità.

Gli esperti ritengono che la conseguenza del lavaggio del cervello sia solo un fenomeno a breve termine, anche in condizioni ideali. Concordano sul fatto che con l'addestramento la vecchia identità del soggetto non viene completamente sradicata; invece, viene soppressa e tornerà una volta che la nuova identità non sarà più rafforzata.

Robert Jay Lifton ha ottenuto alcuni interessanti risultati sul lavaggio del cervello negli anni '50 dopo aver svolto ricerche sui prigionieri di guerra cinesi e coreani. Ha scoperto attraverso la sua ricerca che questi prigionieri avevano subito un sistema di lavaggio del cervello a più stadi. Questo processo era iniziato con aggressioni al senso di sé del prigioniero e si era concluso con un presunto miglioramento dei valori del soggetto. Ci sono 10 misure che Lifton ha descritto nei temi che ha studiato per il processo del lavaggio del cervello.

Erano incluse le seguenti:

- Un assalto alla personalità del soggetto

- Generare sentimenti di colpa nel soggetto

- Il soggetto è costretto a tradirsi

- Raggiungimento di un punto di rottura

- Offrire al soggetto clemenza solo se cambia

- Costrizione alla confessione

- Incanalare i sensi di colpa nella direzione progettata

- Rilascio del soggetto presunto colpevole

- Procedere verso l'armonia

- Prima del risveglio, la confessione finale

Tutte queste fasi devono avvenire in un'area completamente isolata. Assicura che tutti i normali fattori sociali con cui il soggetto viene a contatto siano inaccessibili. Tuttavia, le tattiche di offuscamento della mente possono essere utilizzate per accelerare il ciclo come la privazione o la mancanza di sonno. Anche se questo potrebbe non essere vero per tutti i casi di lavaggio del cervello, c'è spesso la presenza di qualche tipo di danno fisico che rende difficile per il destinatario pensare in modo indipendente e critico come farebbe di solito.

Le Fasi Usate nel Lavaggio del Cervello

Sebbene Lifton abbia suddiviso le fasi del lavaggio del cervello in 10 passaggi, dalla psicologia moderna è organizzato in tre fasi per capire meglio cosa accade al soggetto durante questo processo. Queste tre fasi implicano l'abbattimento del sé, presentare al soggetto il concetto di redenzione e riprestinare il sé del soggetto. Conoscere ciascuna di queste fasi e il ciclo che si verifica con ciascuna di esse ti aiuterà a capire cosa succede con questo processo all'identità del soggetto.

Abbattimento del Sé

La prima fase del processo di lavaggio del cervello è l'abbattimento del sé. Durante questa fase, l'agente vuole rompere la vecchia identità del soggetto per farlo sentire più vulnerabile e aperto alla nuova identità desiderata. Per continuare il processo, questo passaggio è importante. Se il soggetto è ancora fermamente fissato nella sua determinazione e vecchia identità, l'agente non avrà molto successo nei suoi sforzi. Rompere questa identità e rendere l'individuo dubbioso delle questioni circostanti può rendere più facile nelle fasi successive alterare l'identità. Ciò si ottiene attraverso diverse passaggi tra cui un attacco alla personalità del soggetto, provocando rimorso, auto-trattamento e quindi raggiungendo il punto di rottura.

L'assalto all'Identità

L'assalto all'identità del soggetto è semplicemente l'attacco sistemico al senso di sé dei soggetti, al loro ego e alla personalità insieme al loro sistema di credenze di base. Ciò solleva la questione di chi siano facendoli pensare che tutto ciò che hanno imparato è falso. L'agente passerà molto tempo a negare tutto ciò che il soggetto pensa di essere. Quando il soggetto entra in un tale stato, le sue convinzioni possono iniziare ad apparire meno stabili e può iniziare a credere alle cose che gli vengono dette.

Colpa

Puoi raggiungere lo stadio di colpa una volta che il soggetto ha subito l'attacco alla sua personalità. Al soggetto verrà costantemente detto che è cattivo mentre attraversa la nuova crisi di identità. Questo viene fatto per apportare al soggetto un grande senso di colpa. Col tempo, il soggetto inizierà a sentirsi in colpa per tutto il tempo e penserà che tutte le cose che sta facendo siano sbagliate.

Questo può farlo sentire più insicuro e disposto ad accettare la nuova identità dell'agente.

Auto-tradimento

Ora che il soggetto è stato indotto a credere di essere cattivo e che tutte le sue azioni sono sgradite, l'agente cercherà di costringere il soggetto a rendersi pienamente conto di essere cattivo. Il soggetto annega nella propria vergogna in questa fase e diventa molto disorientato. L'agente potrà costringere il soggetto a denunciare la sua vecchia identità attraverso il persistere degli assalti psicologici, il rischio di qualche grave danno fisico, o una combinazione dei due. Ciò può includere una vasta gamma di strategie come convincere il soggetto a denunciare i propri pari, amici e familiari che condividono la stessa convinzione. Ciò aumenterà anche la vergogna e la perdita di identità già bersagliate, abbattendo ulteriormente l'identità del soggetto.

Punto di Rottura

Il soggetto appare molto disrutto e disorientato in questa fase. Può fare domande come Dove sono? Chi sono io? E cosa dovrei fare? A questo livello, il soggetto è in crisi di identità e sta attraversando una profonda vergogna. Poiché tutte le convinzioni e le persone che ha sempre conosciuto sono state ingannate, il soggetto attraverserà un esaurimento nervoso.

La Possibilità di Salvezza

È tempo di passare alla fase successiva dopo che l'agente è riuscito ad abbattere il sé del soggetto. Questo passaggio implica l'offerta di salvezza al soggetto solo se è disposto ad allontanarsi dal suo precedente sistema di credenze e ad abbracciare invece quello nuovo che gli viene offerto. Il soggetto ha l'opportunità di capire cosa lo circonda, gli viene detto che sarebbe di nuovo bravo e si sentirebbe meglio se seguisse semplicemente il nuovo percorso. Ci sono quattro passaggi in questa fase del processo di lavaggio del cervello; clemenza, costrizione alla confessione, incanalamento della colpa e rilascio dalla colpa.

Clemenza

La clemenza è la fase del "posso aiutarti". Questo si manifesterà spesso sotto forma di una pausa dalla violenza subita dal soggetto o di qualche altra piccola gentilezza. Ad esempio, l'agente può dare al soggetto un po 'di cibo in più o un bicchiere d'acqua o anche dedicare alcuni istanti a porre al soggetto domande personali sulla casa e sui propri cari. Tali piccoli atti di gentilezza appariranno come importanti nello stato attuale del soggetto, con il risultato che il soggetto avrà un grande senso di gratitudine e soddisfazione nei confronti dell'agente. Questa manipolazione degli eventi funziona a favore dell'agente poiché il soggetto ora acquisirà legami di lealtà con l'agente anziché con le cose passate.

Costrizione alla Confessione

Si può cercare di ottenere una confessione dal soggetto una volta che l'agente è stato in grado di ottenere la sua fiducia. Questa fase viene spesso definita "Puoi aiutare te stesso". Durante questa fase del processo del lavaggio del cervello, il soggetto inizia a vedere le somiglianze tra il dolore e il senso di colpa che hanno provato durante l'attacco di identità e il conforto che provano per l'improvvisa indulgenza concessa. Se il processo di lavaggio del cervello ha successo, il soggetto può persino iniziare a sentire il bisogno di ricambiare una certa compassione fornita dall'agente. Quando ciò accade, l'agente pone il concetto di pentimento come possibile mezzo per alleviare il soggetto dal dolore e dal senso di colpa che prova. Quindi il soggetto sarà guidato da un metodo per confessare tutti i torti e i peccati che hanno commesso in passato.

Incanalamento della Colpa

Una volta che il soggetto è entrato nella fase della canalizzazione del senso di colpa, è stato sottoposto alla sua autoaggressione per molti mesi. Quando il soggetto raggiunge questo punto del processo del lavaggio del cervello, può sentire il senso di colpa e la vergogna che sono stati riposti su di lui, ma ha perso praticamente il suo significato. Non possono dirti esattamente cosa hanno fatto di sbagliato per farli sentire in quel modo; sanno solo che hanno ragione.

L'agente può utilizzare lo stato di tabula rasa in cui si trova il soggetto per spiegargli perché prova dolore. L'agente dovrebbe essere in grado di aumentare a suo piacimento il sentimento di vergogna che prova il soggetto. Se l'agente vuole sostituire un sistema di credenze, deve prendere il sopravvento sul vecchio sistema per convincere il soggetto che la credenza è ciò che lo fa sentire in colpa. Questa è la fase in cui si stabilisce il legame tra le vecchie credenze e le nuove; essenzialmente, il vecchio sistema di credenze era stato sviluppato per adattarsi al dolore emotivo che il soggetto sperimentava, mentre il nuovo sistema di credenze viene stabilito per rendere possibile la capacità di sfuggire a quella miseria.

Rilascio della Colpa

In questa fase, il soggetto si è reso conto di soffrire per i suoi vecchi valori e convinzioni. A questo punto è esausto e stanco di provare il senso di colpa e la vergogna che gli sono stati attribuiti per diversi mesi. Comincia a rendersi conto che ciò che lo fa sentire in questo modo non è necessariamente ciò che ha fatto; invece, sono le sue convinzioni a causare la colpa. Il soggetto che è in conflitto può provare sollievo per il fatto che può fare qualcosa per il senso di colpa. Per questa fase, il soggetto dovrà farlo per essere liberarsi dal male confessando qualsiasi atto che ha commesso associato al vecchio sistema di credenze. Il soggetto avrà raggiunto il pieno rifiuto emotivo della sua precedente identità una volta fatta la confessione finale. In questa fase, il terapeuta dovrà intervenire per dare al soggetto una nuova identità per aiutarlo a ricostruirla in base a quella progettata.

La Ricostruzione del Sé

Il soggetto ha attraversato molti passaggi e tumulti emotivi durante questa fase. E' sottoposto a un'esperienza mirata a spogliarlo della sua vecchia identità, convincendolo che è cattivo e che ha bisogno di essere aggiustato, e arrivando lentamente a capire che il suo sistema di credenze è la fonte della sua erroneità e che deve essere cambiato. Una volta fatto tutto ciò, con l'aiuto dello psicologo, il soggetto dovrà imparare a ritrovare se stesso. Questa fase offre all'agente l'opportunità di introdurre il nuovo sistema di concetti poiché il soggetto è una lavagna pulita e pronta per imparare a stare e sentirsi meglio. Durante questa fase, ci sono due passaggi da analizzare e sono l'unità e la confessione finale prima dell'inizio.

Armonia

L'agente utilizzerà questo passaggio per convincere il soggetto a modificare la propria decisione. Diranno al soggetto che se sceglie ciò che è buono sperimenterà un cambiamento che li aiuterà a sentirsi meglio. L'agente quindi implementa e spiega il nuovo sistema di credenze in un modo che lo rende la scelta corretta o giusta. Questa fase è pensata per dare al soggetto la scelta del percorso da intraprendere, anche se non dipende proprio da lui. Il soggetto deve utilizzare questa fase per scegliere tra vecchie credenze e nuove credenze, per decidere efficacemente come si comporterà per il resto della sua vita. A questo punto, il soggetto ha già attraversato il processo di rifiuto delle sue vecchie convinzioni a causa della clemenza e della sofferenza che ha sopportato.

Confessione Finale e Rinizio

Durante questa fase del processo, il soggetto decide che sceglierà meglio, il che significa che sceglierà la nuova identità. Quando il soggetto confronta la sofferenza e il dolore della sua vecchia identità con la pace che deriva dalla nuova, sceglierà la nuova identità. Questa nuova identità è come una forma di salvezza. È la cosa che lo aiuta a sentirsi bene e gli permette di non dovere più gestire il senso di colpa e l'infelicità. Al termine di questa fase, il soggetto rifiuterà la sua vecchia identità e passerà attraverso un processo di impegno di fedeltà alla nuova, sapendo che lavorerà per migliorare la sua vita.

Come si può vedere, per passare attraverso il processo di lavaggio del cervello, ci sono alcuni passaggi che devono essere compiuti. Non si tratta semplicemente di qualcuno che si imbatte in qualcun'altro per strada e pronuncia un paio di parole. Per convincere il soggetto che tutto quello che sa è sbagliato e che è una persona cattiva, ci vuole pazienza e tempo. Richiede poi di continuare a provare a far confessare al soggetto che è cattivo e che vuole rinunciare a tutte le cose sbagliate che ha fatto a causa della sua vecchia identità. Alla fine, il soggetto sarà guidato in modo tale da pensare che se abbandona semplicemente le sue vecchie idee e accetta la serenità e la correttezza che derivano dalla nuova identità che viene introdotta, cambierà in meglio. Tutti questi passaggi sono necessari al fine di essere efficaci nel lavaggio del cervello e per creare una nuova identità.

Lavaggio del Cervello come Difesa in Tribunale

Molte le persone nel corso della storia hanno affermato di avere commesso orribili crimini perché avevano subito il lavaggio del cervello. Per molti era una scusa per dire che stavano cercando di salvare la propria vita o di farla franca con omicidi di massa o altri crimini umani. Può essere semplice come rubare a qualcun'altro. Qualunque sia l'azione, il lavaggio del cervello è stata una semplice giustificazione perché ha tolto all'autore della colpa la responsabilità dell'azione ed era difficile dimostrare se qualcuno avesse subito il lavaggio del cervello.

Questo è avvenuto nel 1976 come primo esempio. Patty Hearst, l'erede di un importante impero editoriale, ha usato la giustificazione del lavaggio del cervello mentre si trovava in un processo per rapina in banca. All'inizio degli anni '70, lo SLA, l'Esercito di Liberazione Simbionese, rapì Hearst e alla fine si unì a questo partito. Durante il processo, Hearst ha rivelato che dopo essere stata rapita, era stata chiusa in un armadio per alcuni giorni. Mentre era nell'armadio, la Hearst ha detto di essere terrorizzata della sua vita, brutalizzata, esausta e disfatta quando i membri dello SLA la attaccavano con la loro filosofia contro un paese capitalista. Nei due mesi successivi al suo rapimento, Patty aveva cambiato nome e rilasciato una dichiarazione in cui si diceva che la sua famiglia era " pig- Hearts " ed è poi apparsa sul nastro di sicurezza di una banca rapinandola insieme a coloro che l'avevano rapita.

Nel 1976, per questa rapina in banca, Patty Hearst fu processata e fu difesa da F. Lee Bailey. Nella difesa è stato affermato che lo SLA aveva fatto il lavaggio del cervello a Hearst. Questo lavaggio del cervello aveva indotto la Hearst a commettere un crimine che in nessun'altra circostanza avrebbe mai commesso. Non era in grado di dire la differenza tra giusto e sbagliato nello stato mentale in cui si trovava a causa del lavaggio del cervello e quindi non doveva essere ritenuta colpevole di rapina in banca. Il tribunale non era d'accordo con questa analisi, ritenendola colpevole e imprigionandola per sette anni. Solo pochi anni dopo, il presidente Carter ha commutato la sua condanna in modo da farle scontare solo un totale di due anni.

Tattiche più Comuni Utilizzate nel Lavaggio del Cervello

Il lavaggio del cervello non è sempre così grave come finora è stato descritto in questo capitolo. Le menzionate tecniche vengono utilizzate per il "vero lavaggio del cervello" e sono raramente applicate al soggetto. Ci sono molte altre forme quotidiane di lavaggio del cervello che possono effettivamente verificarsi. Potrebbero non riuscire a farti rinunciare completamente alla tua vecchia identità a favore di una nuova, ma riescono ad aiutarti a cambiare i tuoi pensieri e le tue idee su ciò che sta accadendo intorno a te. Questa sezione si concentrerà su alcune strategie che vengono spesso utilizzate durante il lavaggio del cervello, a prescindere che si tratti di vero lavaggio del cervello o no.

- Love bombing

- Rifiuto dei vecchi valori

- Dottrina confusa

- Meta-comunicazione

- Disinibizione

- Nessuna privacy

- Regole illimitate

- Abuso verbale

- Codice di abbigliamento

- Confessione

- Senso di colpa

Passaggi pratici che puoi utilizzare per il lavaggio del cervello

Ecco un elenco di alcuni passaggi che puoi seguire se vuoi tentare di fare il lavaggio del cervello a qualcuno

- Seleziona il tuo obiettivo/obiettivi

- Da loro qualcosa che vogliono

- Assicurati di farli sentire speciali, voluti e amati

- Quindi assicurati di rendere tale attenzione condizionata. Fai in modo che facciano e pensino quello che vuoi tu

- Progressivamente cambia ciò che loro vogliono in qualcosa di più grande (E poi cambialo in ciò che vuoi tu)

- Critica fortemente chi sono per iniziare a sbloccare la loro personalità

- Isolali dal resto del mondo e dal loro passato in modo da

diventare la loro principale fonte di informazioni

- Usa regolarmente la paura e il senso di colpa per indurli a prendere decisioni in modo diverso

- Assicurati di tenerli occupati fisicamente e mentalmente in modo che non abbiano il tempo di riflettere e interrompere le normali funzioni come dormire e mangiare

- Assicurati di renderli dipendenti da te e insinua in loro la fobia di andarsene

- Usa sempre premi e punizioni per congelare e imprimere nuove idee, convinzioni e comportamenti

- È ora possibile assegnare loro compiti o comandi specifici da eseguire

Sebbene il lavaggio del cervello sia una forma ben nota di controllo mentale che è stata sperimentata da molte persone, anche l'ipnosi è un tipo importante da ricordare. Per la maggior parte, coloro che hanno familiarità con l'ipnosi lo imparano guardando spettacoli teatrali con azioni folli compiute da attori. Sebbene questo sia un tipo di ipnosi, c'è molto di più a rigurado. Come forma di controllo mentale, il prossimo capitolo si concentrerà maggiormente sull'ipnosi.

CAPITOLO QUATTRO

IPNOSI

L'ipnosi è una condizione umana che include attenzione focalizzata, ridotta percezione periferica e maggiore capacità di rispondere alla suggestione. Si dice che un paziente migliori la concentrazione e la concentrazione durante l'ipnosi. L'ipnosi fa si che l'individuo provi uno stato mentale rilassato e sia molto più propenso a seguire i suggerimenti dell'ipnotizzatore.

Il soggetto è anche in grado di bloccare durante questo periodo gli stimoli che potrebbero disturbarlo. La procedura utilizzata per mettere il partecipante in ipnosi è nota come induzione ipnotica, utilizzando una serie di suggerimenti e indicazioni utilizzate come forma di riscaldamento.

Sono state fatte molte opinioni e affermazioni divergenti sull'ipnosi. Diverse persone credono che l'ipnosi sia molto reale ed sono preoccupate che le loro menti possano essere controllate dal governo e da altri intorno a loro. Molti non credono nell'ipnosi e pensano che sia solo una questione da poco. Molto probabilmente il concetto di ipnosi come controllo mentale sta da qualche parte nel mezzo.

Livelli di Ipnosi

La comunità psichiatrica riconosce tre livelli di ipnosi. L'induzione, la suggestione e la suscettibilità rappresentano questi tre livelli. Per la fase dell'ipnosi, ciascuno di essi è rilevante e verrà discusso più avanti:

> **Induzione**

L'induzione è il primo passo dell'ipnosi. Prima che il paziente subisca l'ipnosi completa, sarà sottoposto al processo di induzione ipnotica. Per molti anni questa è stata considerata la procedura usata per indurre il soggetto in trance ipnotica, ma in tempi moderni il concetto è leggermente cambiato. Esistono diversi metodi di induzione che possono essere utilizzati durante l'ipnosi. La tecnica di "fissazione del viso" di Braid o "Braid-ism" è il metodo più noto e comune. Questo metodo ha diverse varianti tra cui la Stanford Hypnotic Susceptibility Scale (SHSS). Questa scala è lo strumento più comunemente usato negli studi sull'ipnosi.

Dovrai seguire alcuni passaggi per utilizzare le tecniche di induzione Braid. Il primo è prendere qualsiasi oggetto che si può considerare leggero, come un orologio da taschino, e posizionarlo con le dita della mano sinistra tra collo, fronte e pollice. Ti consigliamo di mantenere questo oggetto distante dagli occhi del partecipante 8-15 pollici. Posiziona l'oggetto da qualche parte sopra la fronte in modo che durante la procedura ciò crei molta pressione sulle palpebre e sulle orecchie così che in ogni momento l'individuo debba mantenere una messa a fuoco sull'oggetto.

L'ipnotizzatore deve quindi spiegare al soggetto che dovrebbe sempre tenere gli occhi concentrati sull'oggetto. La persona dovrà anche concentrare completamente la propria attenzione sull'idea di quel particolare oggetto. Non dovrebbe essere in grado di pensare ad altre cose e di vagare con la mente o gli occhi, altrimenti il processo non sarà efficace.

Gli occhi del partecipante inizieranno a dilatarsi dopo poco tempo. Con un pò più di tempo, il partecipante inizierà ad assumere un movimento ondulatorio. Se il partecipante chiude involontariamente le palpebre quando il medio e l'indice della mano destra vengono portati dagli occhi all'oggetto, sarà in trance. In caso contrario, il partecipante dovrà ricominciare da capo; assicurati che il partecipante sia informato che consentirà ai propri occhi di chiudersi una volta che le dita saranno riportate davanti gli occhi con un movimento simile. Ciò farà entrare il paziente in uno stato mentale alterato noto come ipnosi.

Suggestione

La fase successiva dell'ipnosi è conosciuta come la fase della suggestione. Quando James Braid ha formulato per la prima volta l'ipnosi, il concetto di suggestione non è stato utilizzato. Piuttosto, Braid si riferiva a questa fase come al processo di concentrazione su un'idea principale e dominante da parte della mente cosciente del partecipante. Braid ha fatto questo aumentando o diminuendo nel corpo del partecipante il comportamento fisico delle varie regioni. Successivamente, Braid iniziò a concentrarsi sempre di più sull'utilizzo di tecniche di input sia verbali che non per portare il paziente in uno stato mentale ipnotico. Queste includerebbero l'uso di entrambi i "consigli per svegliarsi" e l'autoipnosi.

Un altro famoso ipnotizzatore, Hippolyte Bernheim, continua a spostare il focus dello stato fisico del sistema ipnotico sul processo psicologico che coinvolge suggerimenti verbali. L'ipnotismo, secondo Bernheim, è l'inizio di una particolare condizione psichica che aumenterà la suscettibilità del partecipante. Inoltre, ha anche detto che lo stato ipnotico indotto aiuterebbe a facilitare la suggestione, sebbene ciò possa non essere necessario in primo luogo per dare inizio alla suscettibilità.

Per avere successo, l'ipnotismo moderno utilizza molte diverse forme di suggestione come metafore, insinuazioni, suggerimenti indiretti o non verbali, suggerimenti verbali diretti e altre figure retoriche e suggerimenti. Alcuni suggerimenti non verbali che potrebbero essere utilizzati durante la fase di suggestione includerebbero la manipolazione fisica, la tonalità della voce e l'immaginazione mentale. Una delle distinzioni fatte tra i tipi di suggerimenti che possono essere offerti al partecipante include suggerimenti che vengono forniti con il permesso e suggerimenti più autoritari.

La disparità tra l'inconscio e la mente cosciente è uno degli aspetti che devono essere compresi riguardo all'ipnosi. Ci sono diversi ipnotizzatori che vedono la fase di suggestione come un modo per comunicare che è per lo più indirizzato alla mente cosciente del soggetto. Gli altri del campo lo vedranno nella direzione opposta; a loro sembrerà che l'interazione avvenga tra l'agente e il subconscio o la mente inconscia. Le differenze tra le due classi sono relativamente facili da riconoscere; coloro che credono che i suggerimenti siano indirizzati principalmente alla mente cosciente usano istruzioni e suggerimenti verbali espliciti mentre quelli che credono che i suggerimenti andranno alla mente inconscia usano principalmente narrazioni o metafore dal significato segrete.

La persona dovrà essere in grado di concentrarsi su un concetto o un'idea attraverso uno di questi modi di pensare. Ciò consente loro di essere guidati nella direzione necessaria per entrare nello stato ipnotico. Una volta che la fase di suggestione è stata completata con successo, sarà possibile per il partecipante passare alla terza fase, la suscettibilità.

Suscettibilità

Nel tempo è stato dimostrato che le persone rispondono all'ipnosi in modo diverso. La maggior parte delle persone scoprirà di poter scivolare abbastanza facilmente in una trance ipnotica e di non dover impegnarsi molto nel processo. Altri potrebbero scoprire di poter entrare nella trance ipnotica, ma solo dopo molto tempo e con un certo sforzo. Altri scopriranno di non poter entrare nella trance ipnotica e non raggiungeranno i loro obiettivi anche dopo continui sforzi. Una cosa che i ricercatori hanno trovato affascinante della sensibilità dei diversi partecipanti è che questa variabile rimane costante. Se potessi entrare rapidamente in uno stato mentale ipnotico, è probabile che ci riuscirai allo stesso modo per il resto della tua vita. D'altra parte, se hai sempre avuto problemi a raggiungere lo stato ipnotico e non sei mai stato ipnotizzato, probabilmente non lo farai mai.

Ci sono due classi di persone che sono considerate particolarmente vulnerabili agli effetti dell'ipnotismo, secondo lo studio di Deirdre Barrett. In questi due gruppi ci sono i dissociatori e i fantasisti. I fantasisti ottengono un punteggio elevato nelle scale di assorbimento, sono in grado di bloccare facilmente gli stimoli del mondo reale senza usare l'ipnosi, trascorrono molto del loro tempo a sognare ad occhi aperti, hanno avuto amici immaginari quando erano bambini e sono anche cresciuti in un ambiente in cui il gioco fantasioso era incoraggiato.

I dissociatori sono dalla parte opposta. Questa categoria spesso proviene da un contesto di trauma e abuso infantile, trova modi per ignorare gli incidenti dolorosi della propria storia e si ritira nell'insensibilità. Se una persona in questo gruppo sogna ad occhi aperti, invece di fare allucinazioni, si ritrova più che altro in uno stato di vuoto totale. Entrambe queste categorie hanno ottenuto un punteggio elevato nei test di sensibilità ipnotica. Quelli con disturbo da stress post-traumatico o disturbo dissociativo dell'identità sono le due classi con i più alti tassi di ipnotizzabilità.

Applicazioni dell'Ipnosi

L'ipnosi esiste da molto tempo come pratica e come concetto. Per questo motivo, hanno iniziato ad emergere varie applicazioni che aiutano a fare un uso migliore del metodo dell'ipnosi. Inoltre, i diversi usi dell'ipnosi attraversano molti campi tra cui intrattenimento, miglioramento personale, usi militari e usi medici. Molte delle aree che hanno iniziato a utilizzare l'ipnosi di recente includono recupero, terapia fisica, istruzione, sport e medicina legale. Per raggiungere altri obiettivi artistici, molti musicisti hanno iniziato a usare l'ipnotismo. Le sezioni seguenti discuteranno molte diverse aree in cui si è sviluppata l'ipnosi e come funziona il processo di ipnosi in quelle regioni. Altre applicazioni principali sono indicate di seguito.

Ipnoterapia

L'ipnoterapia è un tipo di psicoterapia che utilizza l'ipnosi. È usata come modo per supportare il cliente o il soggetto nell'affrontare problemi fastidiosi che li affliggono, specialmente quando altri metodi di autocontrollo non sono efficaci. Terapisti e medici autorizzati possono utilizzare una forma di ipnoterapia per aiutare i pazienti con stress post-traumatico, gioco d'azzardo compulsivo, disturbi del sonno, disturbi alimentari, ansia e depressione.

Nella storia moderna, la pratica dell'ipnoterapia è stata analizzata in diverse forme. Tutte queste erano attive in misura diversa a seconda del problema riscontrato e dei partecipanti. Alcune delle forme utilizzate includono quanto segue:

- Ipnoterapia utilizzata per dare aiuto con le dipendenze

- Ipnoterapia utilizzata per dare aiuto con il controllo delle abitudini

- Ipnoterapia utilizzata per dare aiuto con la gestione del dolore a coloro che soffrono di dolore cronico.

- Hypnotherapy used to assist with relaxation.

- Ipnoterapia utilizzata per assistere il paziente nella terapia psicologica che sta già affrontando

- Ipnoterapia utilizzata per dare aiuto con il rilassamento.

- Ipnoterapia utilizzata per dare aiuto con le malattie della pelle

- Ipnoterapia utilizzata per aiutare a calmare i pazienti che sono in ansia perchè devono di sottoporsi a un intervento chirurgico

- Ipnoterapia utilizzata per assistere gli atleti nelle loro prestazioni prima di una competizione

- Ipnoterapia utilizzata per aiutare nella perdita di peso

- Ipnoterapia cognitivo-comportamentale - in pratica, è una combinazione di ipnosi clinica insieme a diversi elementi della terapia cognitivo-comportamentale.

- Ipnoanalisi - questa forma di ipnoterapia è anche nota come ipnoterapia di regressione dell'età.

- Ipnosi utilizzata per aiutare ad affrontare fobie e paure. Ipnoterapia Ericksoniana.

Applicazioni Militari

Includendo l'assistenza alle persone che affrontano vari problemi di salute e dipendenza, le persone si sono chieste per molto tempo se l'ipnosi fosse usata dai leader militari e governativi per cambiare il modo in cui le persone pensano alle cose. Finora ci sono state poche prove che l'esercito americano sia stato in grado di raggiungere i propri obiettivi usando l'ipnosi. Tuttavia, un rapporto declassificato pubblicato di recente dagli archivi del Freedom of Information Act indica che è stata esaminata la pratica dell'ipnosi per l'uso nelle applicazioni militari.

Auto-ipnosi

Ci sono alcuni casi, come quando non c'è un ipnoterapeuta certificato disponibile o un altro professionista, in cui potresti decidere di utilizzare il processo di autoipnosi. Questo processo avviene quando una persona può ipnotizzare se stessa, spesso usando la tattica dell'autosuggestione. L'uso principale di questa tecnica è l'auto-miglioramento e molte persone la usano per ridurre i livelli di stress, smettere di fumare o ottenere la motivazione di cui hanno bisogno per mangiare. Mentre alcune persone possono essere in grado di ipnotizzarsi, altre ritengono che per raggiungere lo stato alterato abbiano bisogno di un qualche tipo di supporto. Possono essere inclusi nastri ipnotici o anche strumenti di controllo mentale per aiutarli a raggiungere quello stato. Altre aree che puoi utilizzare per l'autoipnosi includono il tuo benessere fisico generale, calmare o superare la paura del palcoscenico.

Tipi di Ipnosi

Il soggetto sarà in grado di sottoporsi a molti diversi tipi di ipnosi. Ognuno di loro funzionerà in modi leggermente diversi:

Ipnosi Tradizionale

Il tipo di ipnosi più utilizzato è chiamato ipnosi tradizionale. Durante questo processo il professionista sta semplicemente dando suggerimenti direttamente alla mente inconscia del cliente. Questa forma di ipnosi funzionerà meglio su una persona nota per accettare le cose che vengono dette e senza fare molte domande. Mentre questo metodo non avrà successo su coloro che capiscono cosa sta succedendo intorno a loro, per coloro che pensano in modo critico e analitico.

Ipnosi Ericksoniana

L'ipnosi ericksoniana è la prossima forma di ipnosi da affrontare. Questa è un pò più complessa perché richiederà l'uso di immagini e brevi narrazioni. Questi sono usati per portare alla mente inconscia le idee e le suggestioni necessarie. Sebbene un pò più di pratica e preparazione saranno necessarie per eseguire questo processo, è una tecnica molto efficace e potente da usare. Il motivo per cui funziona così bene è che può rimuovere la riluttanza e il blocco che il soggeto delle suggestioni potrebbe avere.

Ci sono due principali stili di metafore che vengono spesso usati in questa forma di ipnosi; isomorfo e interspersale. Il primo è stato inserito nel racconto per l'analogia che è di natura intercalare e non sarebbe facilmente rintracciabile al di fuori della mente inconscia dal soggetto. L'altro tipo, la metafora isomorfica, è un po 'più comune e fornisce una guida alla mente inconscia semplicemente fornendo al soggetto una storia che alla fine darà una morale. La mente inconscia sarà in grado di tracciare una connessione uno-a-uno che collega gli elementi che provengono dalla narrazione con gli elementi che derivano dalla circostanza dell'azione o del problema.

La storia "Boy Who Cried Wolf" è un esempio di analogia isomorfica. La maggior parte dei genitori userà questa storia per insegnare ai propri figli a non mentire, in particolare quando il loro bambino dice molte bugie. Dopo aver ascoltato la storia, la mente inconscia del soggetto vedrebbe una connessione tra il raccontare bugie e il ragazzo nella storia. Vedrebbero che raccontare bugie può portare a una catastrofe e il bambino potrebbe essere più disposto a smettere di mentire per evitare il disastro.

Tecnica Incorporata

La tecnica incorporata è un altro tipo di ipnosi. Durante questo processo, l'ipnotizzatore racconterà una storia interessante al soggetto. Questa storia ha lo scopo di distrarre e coinvolgere la mente cosciente del soggetto. Conterrà anche suggestioni indirette, nascoste all'interno della storia, ma che vengono accettate dall'inconscio del soggetto. L'ipnotizzatore utilizzerà il metodo di guida attraverso questa storia per spingere la mente inconscia del soggetto a individuare le informazioni richieste. Spesso tali informazioni riguardano un'esperienza di apprendimento appartenente al passato che però appropriata. Quindi l'ipnotizzatore utilizzerà l'esperienza di apprendimento per aiutarli a modificare il loro presente.

Programmazione Neuro-Linguistica

Gli ipnotizzatori hanno una vasta selezione di tecniche di Programmazione Neuro-Linguistica, o PNL, che possono utilizzare nel processo di ipnosi. L'ipnotizzatore sarà in grado di utilizzare gli stessi schemi di pensiero che generano il problema quando utilizza la tecnica PNL. Questo verrà affrontato ulteriormente nel capitolo seguente.

Videoipnosi

Mentre gli altri tipi di ipnosi sono estremamente noti per aiutare le persone a superare gli ostacoli e cambiare il modo in cui pensano al fine di vivere una vita migliore, ci sono sempre nuove forme di ipnosi che vengono create. La videoipnosi è una delle più recenti forme di ipnosi sviluppate. Questo tipo viene fornito attraverso mezzi commerciali in modo che le persone possano acquistare un prodotto e utilizzarlo a proprio piacimento. Le tecniche utilizzate in alcuni dei prodotti di ipnosi video si concentrano anche sulla tecnologia di programmazione neuro-linguistica precedentemente menzionata. Ciò significa che la tecnica della videoipnosi funzionerà in base all'utilizzo dei processi di pensiero esistenti che il soggetto possiede piuttosto che utilizzando stimoli ipnotici come i metodi tradizionali.

Il motivo per cui la videoipnosi si è evoluta così rapidamente è che oltre il 70% delle persone ha scoperto che apprende più facilmente e più velocemente le informazioni quando le vede, piuttosto che quando le ascolta solamente. Il cervello del soggetto imparerà naturalmente a cambiare le emozioni che prova a livello cosciente così come le sue percezioni visive durante la visualizzazione delle immagini visive che gli vengono mostrate.

Sebbene siano disponibili diversi tipi di programmi di videoipnosi, Neuro-VISION è uno dei più comuni perché è stato creato utilizzando alcune delle migliori tecniche proprie di questo campo. La forma di approccio video funziona per allenare la mente inconscia del soggetto attraverso l'ottica virtuale, che è un sistema di simulazione al computer ad alta tecnologia. Ciò eliminerà il problema delle loro paure, degli impulsi e delle compulsioni.

Ipnosi Subliminale

I messaggi subliminali dell'ipnosi saranno spesso inseriti in un nastro di ascolto sottoposto poi al soggetto. La registrazione avrà due tracce, ognuno dei quali comunicherà con una parte diversa della mente. Una traccia conterrà un suono di copertina che sarà ascoltato dalla mente cosciente del soggetto. Il suono della copertina è spesso qualcosa che può essere facilmente riconosciuto dal cervello, come i suoni della natura e della musica. L'altra traccia conterrà istruzioni esplicite che saranno ricevute attraverso la mente inconscia del soggetto. Durante l'intera sessione, queste istruzioni della seconda traccia verranno ripetute più e più volte. I programmi subliminali possono essere riprodotti sempre e ovunque. Puoi ascoltare questi messaggi mentre lavori o addirittura guardi la televisione. La cosa migliore è che non dovrai interrompere il lavoro che stai facendo e sederti e rilassarti come la PNL e gli altri metodi di ipnosi standard. Questo approccio non è efficace quanto le tecniche e le procedure tradizionali di PNL.

Praticare l'Ipnosi

La Trance Ipnotica

L'ipnosi non è come molti credono. Una trance ipnotica non è uno zombi cerebralmente morto, obbediente a tutti, totalmente inconsapevole della sua situazione. L'ipnosi normalmente non innesca uno stato catatonico profondo, sebbene possa creare un effetto simile con una sufficiente dose di pazienza e il soggetto giusto. Quando qualcuno è su un palco fingendo di mangiare la propria scarpa o di essere inseguito da una capra selvatica, si rende conto di essere su un palco. Allo stesso modo, se gli viene chiesto di immaginarsi di essere un bambino nell'ufficio di un ipnoterapeuta, sanno che lo stanno solo immaginando. Non lo confonderanno con la realtà, pensando di essere un bambino. Possono suonare come il bambino o comportarsi come il bambino, ma sapranno di essere stati ipnotizzati e essere seduti sul divano di un ipnoterapeuta. L'ipnosi è meglio pensarla come uno stato speciale della mente che è molto calma, consapevole e soprattutto suggestionabile. Si ha un forte senso di capacità di controllare il proprio cervello quando si è in uno stato di ipnosi o trance ipnotica, motivo per cui si sposa così fortemente con la PNL.

Le Regole dell'Ipnosi

Queste regole sono state adattate per l'ipnosi grazie alle eccezionali istruzioni di Derren Brown. Derren è un ottimo modello da imitare come uno dei migliori esperti di ipnosi oggi in vita, e penso che sia necessario sottolineare queste regole:

1. Non tentare mai di ipnotizzare chiunque sia chiaramente disturbato o abbia l'epilessia. Lo stesso vale nel caso di una persona con malattia mentale. Basta non farlo.

2. Non tentare mai di apportare "cambiamenti" o suggerimenti inconsci. Se non sai cosa stai facendo, guarda ma non toccare.

3. Evitare sempre gli spettacoli teatrali. Non cercare di diventare invisibile o di convincere il tuo ipnotizzato a mangiare una cipolla e pensare che sia una mela. Non fare brutti scherzi al tuo ipnotizzato, a meno che tu non abbia esperienza, nel qual caso non hai bisogno di questa guida.

4. Ricorda sempre, tutto ciò che fai contribuisce all'ipnosi. Il tuo ipnotizzato sarà ipersensibile a ciò che lo circonda. Se tu o altri sembrate agitati di fronte a una risposta inaspettata, l'ipnotizzato potrebbe iniziare a farsi prendere dal panico. Ricordati di evitarlo.

5. Quando sei arrivato alla fine, assicurati sempre che la persona sia completamente libera da ogni convinzione di poter essere ancora ipnotizzata. Se pensa di essere parzialmente

ipnotizzato, lo sarà. Prenditi tutto il tempo necessario per farli uscire dalla trance.

6. Eseguire sempre il processo lentamente e solo in un ambiente controllato e sicuro senza pressioni temporali.

7. Assicurati di utilizzare l'ipnosi come uno strumento di rilassamento, non come uno strumento di intrattenimento.

Preparazioni per l'Ipnosi

Un soggetto dovrebbe essere in una posizione comoda e reclinabile. Potrebbe essere una poltrona morbida, un divano o dei pouf sul pavimento. Il soggetto deve essere qualcuno che si fida di te; l'ipnosi semplicemente non funzionerà su qualcuno che ha poca fiducia nel proprio ipnotizzato. Alla fine, assicurati che non siano previsti visitatori o interruzioni. Assicurati di spegnere il telefono.

Innescare l'Ipnosi

Presto, prova a mangiare tutto quello che riesci a trovare nei prossimi due secondi, non quello! Cribbio! È vero che nelle case francesi ci sono più soffitti che pavimenti? Bang, sei in uno stato di suggestione ora. La confusione è un meraviglioso catalizzatore per i suggerimenti, quindi dobbiamo confondere o stupire un pò il nostro soggetto prima di ipnotizzarlo. Questa confusione e lo shock graffieranno il cervello e lo renderanno più suggestionabile. In particolare, la corteccia prefrontale del soggetto è troppo impegnata a cercare di comprendere il messaggio confuso e ragionare con lo shock per filtrare i suggerimenti come facoltativi.

Le suggestioni vanno dritte al subconscio dove verranno seguite. La sorpresa non deve essere complicata: tutto ciò che devi fare è guardare il soggetto negli occhi e accarezzarlo delicatamente sul braccio mentre gli riferisci messaggio leggermente confuso per loro. Mentre inneschi l'ipnosi, è anche utile imparare da più vicino. Io di solito uso una combinazione di grammatica sbagliata, parole chiave e suggerimenti che mi aiutano.

Come Indurre l'Ipnosi

Ecco un semplice schema da applicare al tuo soggetto che puoi leggere. Riguarda semplicemente l'iniziazione, puoi cambiarla per adattarla al soggetto e all'ambiente.

Leggi con una voce calma e chiara:

- Per favore, siediti e rilassati. Adesso posiziona le tue mani comodamente lungo i fianchi.

- Lascia che le mie parole ti guidino mentre segui i suggerimenti che ti vengono posti.

- Tutto qui è sicuro, pacifico e calmo, così man mano che senti il tuo corpo diventare sempre più rilassato scoprirai che puoi spostare il tuo rilassamento sui tuoi occhi.

- Usando solo gli occhi, guarda delicatamente verso l'alto e quando noti che le palpebre si sentono leggermente più pesanti, lascia che il tuo corpo affondi comodamente sulla sedia.

- Man mano che i tuoi occhi diventano lentamente più pesanti, puoi consentire loro di chiudersi.

- Mentre respiri, lascia che il tuo corpo diventi insensibile e rilassati più profondamente sulla sedia.

- Quando senti che il tuo corpo si sta rilassando, lascia che diventi più profondo e alla fine il rilassamento confortevole si diffonderà dalle tue spalle.

- Quando senti che le tue gambe desiderano lasciarsi andare, lasciale andare e rilassale sulla sedia, e sul pavimento anche i tuoi piedi si rilasseranno.

- Il rilassamento si fa strada con grazia fino al tuo collo e, mentre lo fa, un'elettricità calda e pacifica provoca del formicolio nell'area ascellare e di nuovo colpisce le tue braccia a partire dalle mani, come se scintille calde danzassero sulla punta delle dita.

- Consenti allo stato rilassato di salire progressivamente più in alto lungo il collo e la tua testa, avvicinandoti sempre di più al centro della tua coscienza.

- Consenti alla tua mente di diventare sempre più assonnata finché non sarai perfettamente rilassato.

- Nella tua mente, immagina chiaramente di essere in cima a una scala di dieci gradini, con una porta proprio alla fine.

- Quando iniziamo il conto alla rovescia da dieci, con ogni conteggio farai un passo e diventerai sempre più rilassato, beatamente sempre più dentro questa trance, dieci.

- Mentre ora senti il tuo corpo diventare sempre più rilassato, scendi di nuovo, nove. Poiché il tuo corpo si sente così rilassato in questo momento, è quasi impossibile percepirlo, otto.

- Quando senti e inizi a notare che il tuo corpo è quasi completamente insensibile, ora puoi dimenticarti del tuo corpo e scendere il settimo gradino.

- Vai sempre più giù, nello stato rilassato, pacifico e confortevole, sei.

- La scala diventa certamente sempre più vivida man mano che diventi più rilassato, cinque.

- Mentre scendi sulla tua scala interna, inizi a notare come possono sentirsi le scale a contatto con i tuoi piedi, quattro.

- Continua ad andare sempre più in profondità in questa trance rilassata e super confortevole, tre.

- Sentiti sempre più a tuo agio, sempre più rilassato, due. Rilassati in una trance pacifica, uno.

- Ora apri la porta e il tuo corpo va a DORMIRE e la tua mente si sveglia lentamente.

Durante l'Ipnosi

Dopo che l'ipnosi è stata indotta, durante il processo:

- Usa sempre parole positive e un'appropriata struttura della frase.

- Per favore, evita rigorosamente di usare parole negative, quindi invece di dire "Non riesci a sentire le gambe", dì "Le gambe sono insensibili".

- Se noti che la persona si sente a disagio, chiedigli se vuole svegliarsi dalla trance. Se non rispondono, portali subito fuori dalla loro trance.

- Se noti che la persona non risponde all'abbandono della trance, toccala sul braccio mentre dai un comando. Se tocchi il loro braccio mentre dici qualcosa, aggiungerai gravità alla tua affermazione.

Lasciare lo Stato Ipnotico

Questa è in realtà una delle parti più semplici del processo di ipnosi. Puoi seguire lo stile sotto elencato:

- Adesso è tempo di tornare. Torna lentamente alla porta con le scale.

- Ora tornerai su per i dieci gradini, tornerai alla normalità.

- Quando ti sveglierai ti sentirai molto riposato per essere stato in uno stato così pacifico e rilassato.

- Uno, comincia a percepire di nuovo il tuo corpo.

- Due, adesso stai iniziando a svegliarti.

- Tre, l'energia sta zampillando nei tuoi muscoli.

- Quattro, ti stai sentendo ringiovanito e come nuovo.

- Cinque, ancora più energia.

- Sei, adesso ti stai svegliando.

- Sette, ti senti così riposato che correrai sugli ultimi tre gradini otto nove dieci completamente sveglio!

È una buona idea chiedere un parere al tuo soggetto in modo da poter migliorare le tue capacità ipnotiche. Più spesso ipnotizzi gli altri, più velocemente impari. Non preoccuparti se al primo tentativo non riesci a farlo funzionare. Continua a lavorarci e presto sarai in grado di capire cosa funziona e cosa no.

Una potente tecnica di ipnosi è la NLP. Il prossimo capitolo la analizzerà.

CAPITOLO CINQUE
PROGRAMMAZIONE NEURO-LINGUISTICA (PNL)

Che cos'è la PNL?

La Programmazione Neuro-Linguistica (PNL) studia la creatività e la performance - come individui e organizzazioni esemplari producono risultati eccezionali. Le tecniche possono essere applicate ad altri in modo che anch'essi possano ottenere risultati simili. Si chiama "modellazione". La PNL studia come organizzare la nostra esperienza soggettiva - come pensiamo ai nostri valori e credenze e a come costruiamo i nostri stati emotivi - e come sviluppare e dare significato al nostro mondo interiore tramite la nostra esperienza. Nessun evento in sé ha significato, siamo noi che gli attribuiamo un significato, e persone diverse possono dare significati diversi alla stessa attività. Quindi, dall'interno, la PNL studia la formazione.

La PNL è nata ricercando i migliori comunicatori e si è estesa alla ricerca sistematica dell'interazione umana. Integrando strumenti e metodi realistici sviluppati sui modelli di persone eccezionali, è progredito. Nello sport, nel settore aziendale, nel marketing, nel diritto e nell'istruzione, questi strumenti vengono utilizzati a livello globale. La PNL, tuttavia, non è solo un pacchetto metodologico. È anche una mentalità focalizzata sulla curiosità, la scoperta e il divertimento. La parola " Programmazione Neuro-Linguistica" deriva da tre aree:

P-Programmazione. Questo è il modo in cui sequenziamo le nostre azioni per raggiungere i nostri obiettivi.

N-Neurologia. Comprende la mente e come pensiamo.

L-Linguistica. Questo è il modo in cui usiamo il linguaggio e come ci influenza.

Principi della PNL

La PNL si fonda su sei principi fondamentali. Questi sono chiamati "pilastri della PNL".

Tu – Il tuo magazzino psicologico e il tuo livello di abilità.

Sei la parte più importante di qualsiasi attività PNL. Rendi la PNL reale in base a ciò che fai. Proprio come uno strumento può essere utilizzato per creare belle opere d'arte o spazzatura, così anche la PNL può essere utilizzata bene o male. Il successo dipende da quanto sei intraprendente o professionale.

I principi presupposizione della PNL.

I presupposti della PNL sono i suoi principi guida, le idee o le credenze che si presuppongono, vengono date per scontate e seguite.

Valore rapporto-relazione

Il rapporto è la qualità delle relazioni che si traduce in fiducia reciproca e sensibilità. Si ottiene una **partnership** conoscendo e accettando come un'altra persona vede il mondo. È come parlare la sua lingua. Per una comunicazione efficace, comunicare è importante. Se hai una connessione, gli altri si sentiranno apprezzati e saranno immediatamente più attenti. La creazione di relazioni multi-livello è possibile, ma tutte implicano prestare attenzione e rispettare l'altra persona. Le relazioni possono costruirsi rapidamente e le relazioni si evolvono nel tempo.

Risultato – sappi quello che vuoi

La capacità di base della PNL è quella di essere diretta rispetto a ciò che si vuole ed essere disposta ad ottenere ciò che si vuole dagli altri. La PNL è sempre focalizzata sul pensare ai risultati in ogni scenario, perciò bisogna comportarsi sempre in modo risoluto. Un risultato è quello si vuole; un obiettivo è quello si fa per realizzarlo. La pianificazione dei risultati richiede tre elementi fondamentali: sapere dove ci si trova ora nella situazione attuale. Conoscere lo scenario di cui si ha bisogno, dove si vuole essere. Preparare il proprio approccio- come si può andare dall'uno all'altro, utilizzare i propri mezzi e crearne di nuovi.

Feedback-come decidi cosa vuoi ottenere?

Se sai cosa vuoi, devi prestare attenzione a ciò che ottieni, in modo da sapere cosa fare dopo, a cosa presti attenzione / il tuo feedback è sia corretto che affidabile? Il più delle volte include prestare particolare attenzione ai tuoi sensi - guardare ciò che sta realmente accadendo. I tuoi sensi sono l'unico modo per ottenere un feedback diretto. Hai solo i tuoi sensi per dare un significato al mondo. Le informazioni che ottieni dai tuoi sensi ti aiutano a sapere se sei sulla buona strada per il tuo scopo.

Flessibilità-se quello che stai facendo non funziona, allora fai qualcos'altro

Se capisci quello che vuoi e sai cosa stai ottenendo, più strategie utilizzi per raggiungere quel risultato, maggiori saranno le possibilità di successo. Più opzioni hai - stato emotivo, stile di interazione e punto di vista - migliori sono i risultati. In una relazione di collaborazione e comprensione, la PNL facilita la selezione guidata da uno scopo.

Tecniche PNL

Sono disponibili molte tecniche PNL diverse, le quali possono essere utilizzate per molti scopi diversi. Ogni tecnica di PNL può essere utilizzata da sola o in combinazione con altre tecniche PNL per creare metodi "inner-mind" freschi ed efficaci. In questa sezione, considereremo otto delle tecniche PNL più conosciute.

Ancoraggio

Sei mai stato seduto in macchina ad ascoltare una canzone che non sentivi da molto tempo? Quella canzone ha scatenato una sensazione che proveniva dal passato? Stavi provando quelle emozioni quando hai sentito quella canzone per la prima volta, o quando l'hai sentita qualche volta lungo la strada, e il tuo inconscio ha applicato questi sentimenti a quella particolare canzone. La canzone sarebbe diventata il catalizzatore di questi sentimenti attraverso questo processo. Ora, ogni volta che ascolti questa particolare canzone, inneschi il cervello a provare di nuovo quei sentimenti. Questo è un grande esempio di ancoraggio.

L'ancoraggio è un'utile strategia PNL per innescare uno stato d'animo o un'emozione, incluso il piacere o il rilassamento. Questo di solito comporta un tocco, un gesto o una parola come "ancora", come segnalibro per l'emozione desiderata, la quale viene poi recuperata usando la stessa ancora.

Come usare l'ancoraggio

La maggior parte degli ipnotisti ha scoperto di poter usare l'ancoraggio come metodo utile per ipnotizzare i loro soggetti. Ad esempio, se hai un ricordo in cui vieni ricompensato per aver fatto qualcosa di giusto nel passato, l'ipnotizzatore sarà in grado di riportarti a quella particolare memoria e aiutarti a ricreare i sentimenti che stavi vivendo in quel momento. Allo stesso tempo, durante la ricreazione del ciclo, l'ipnotizzatore ti farà fare una sorta di movimento, come strofinare due dita l'una con l'altra. Ora puoi ottenere gli stessi sentimenti felici ogni volta che unisci le dita.

Un metodo per farlo è il seguente:

- Ho bisogno che adesso ricordi un momento in cui eri molto felice, come vincere un concorso, ricevere il tuo primo bacio o avere delle buone notizie.

- A patto che sia un momento molto felice, può essere tutto ciò che vuoi.

- Raccontami la storia nella tua mente di quello che è successo che ha portato a quel momento felice.

- Sii descrittivo e precisa la sensazione.

- Immagina nella tua testa il momento e ricorda la sensazione.

- Voglio che tu tenga nella mano destra l'indice sinistro e il medio e che tu ti dia delicatamente due rapide **strette** alle mani.

- Raffigurati l'immagine del momento felice sempre più in grande mentre fai il secondo abbraccio, avvicinalo di più a te e visualizza la sensazione di gioia che si moltiplica in intensità.

- Descrivi nuovamente quello che pensi. Descrivi come ti sei sentito al riguardo in questo momento.

- Stringi di nuovo le mani, proprio come fai tu. La bella sensazione raddoppia di nuovo con quella seconda stretta al dito. Più forte sarà la sensazione che riesci a immaginare, più facilmente essa si ripresenterà.

- Ripeti questi cinque passaggi finché non hai descritto l'intensità della sensazione per cinque volte di seguito.

Gettare l'ancora è importante principalmente quando si utilizza questo metodo di ipnosi.

Esempio di quando usare l'anccoraggio PNL

Per la seduzione, viene spesso utilizzato l'ancoraggio. Quando una parte racconta all'altra di un ricordo felice, ecco l'esempio più ovvio. Il seduttore usa un gesto chiaro o un tocco leggero sul braccio come ancora quando il seduttore è "nel cervello", cioè sorridendo o ridendo.

Qualunque sia l'ancora, non deve essere troppo visibile, altrimenti sembrerebbe insolita e il risultato deludente. Quindi, quando il seduttore si avvicina, il seduttore può usare quell'ancora per far sentire al seduttore lo stesso tipo di felicità di prima. Il seduttore ricorderà una sensazione di felicità, ma ora assocerà quel sentimento felice all'essere vicino al seduttore.

Interruzione del modello

L'interruzione dei modelli è una strategia PNL attiva per immagazzinare parole chiave nel subconscio di un ascoltatore. Questo può essere abbinato ad altre strategie PNL come l'ancoraggio per alcuni eccellenti trucchetti o per inviare a qualcuno un messaggio che sembra molto sincero e importante per motivi a lui sconosciuti.

L'interruzione dei modelli funziona attirando il monologo interno dell'ascoltatore in uno schema o sequenza, o anche il suo semplice flusso di pensieri inconsci. Quando questo schema si sta formando, in un momento critico lo scuoti fuori da quest'ultimo prima che esso venga completato. Ciò lascia il subconscio dell'ascoltatore in attesa che l'elemento successivo della sequenza accada mentre disturba la loro mente cosciente.

Swish

Lo Swish, noto anche come Swish Pattern, è una strategia NLP molto utile per sostituire un'emozione o azione sfavorevole con una più benefica. Lo swish può essere usato per fare molte cose utili con un po' di creatività, come rendere più piacevole andare in palestra e fare sì che il cibo abbia un sapore migliore.

Pensa allo Swish come a un equivalente neuro-linguistico della funzione "copia e incolla" del tuo computer. Hai del testo sullo schermo, lo copi e lo incolli altrove. Puoi prendere parte a una "etichetta" neurale o della memoria con lo Swish e incollarla sul tag della memoria.

Cos'è la tecnica Swish?

Proviamo a descrivere in un modo più divertente lo Swish. Ad ogni ricordo sono collegate delle emozioni. Ci sono alcune emozioni positive (bei ricordi) e alcune negative (brutti ricordi). Facciamo un gioco per mostrare come "modificare" le tue etichette emotive con lo Swish.

Sei un adolescente, e ti sei appena trasferito e domani è il tuo primo giorno in una nuova scuola. Non c'è nessuno che conosci. Come ti senti? Potresti sentirti nervoso, preoccupato o ansioso. Eppure sai che ti presenterai in questo modo e che sarà più probabile che gli altri ti isolino dato che ti senti in quel modo. È un circolo vizioso.

La sindrome "primo giorno in una nuova scuola" è sinonimo di "ansia". Sarebbe più facile se invece associassi "eccitazione". Possiamo farlo accadere usando la tecnica Swish. Prima di tutto, prendi in considerazione un ricordo associato all'eccitazione come immaginare di andare in un parco divertimenti o ad una festa con gli amici. Rifletti su come ti senti, pensa a cosa potrebbe accadere, tutta la prospettiva di divertimento - ora immagina la situazione nella tua mente e SWISH! Sostituisci facilmente quell'immagine con l'immagine di andare a scuola domani. Invece, SWISH, fino a quando non inizia a formarsi un certo senso di paura. Riscambia l'immagine con il giusto ricordo.

L'idea è quella di continuare a ricordare te stesso quanto eri felice e aggrapparti a quella sensazione. Mantenendo così l'emozione positiva, fai costantemente "swish" avanti e indietro tra le due immagini.

Interruzione del ciclo

L'interruzione del ciclo è un'innovativa tecnica PNL che consente di modificare o interrompere attivamente un ciclo subconscio. Funziona rompendo un meccanismo di looping che il tuo corpo usa per innescare spontaneamente diversi stati cerebrali alfa superiori tra cui ansia, paura, frustrazione, rabbia e tensione.

Perché utilizzare l'interruzione del ciclo PNL?

Per controllare meglio il proprio comportamento, potresti utilizzare l'interruzione del ciclo PNL e, con la pratica, potresti innescare un'interruzione del ciclo in qualcun altro per aiutarlo a regolare il proprio comportamento. È una tecnica molto semplice per la PNL – e spesso la cosa migliore è la semplicità.

Come utilizzare l'interruzione del ciclo PNL?

Hai mai sentito qualcuno dire "prima di rispondere in agitazione, conta fino a dieci?" Questo è un modo per interrompere il ciclo della PNL in azione. In poche parole, per controllare le tue azioni, devi azionare la tua corteccia frontale. Si può ottenere ciò provocando una diversa emozione o reazione corporea consapevolmente con la forza. In una situazione stressante, questo può essere realizzato contando fino a dieci, o ancora meglio, preparando un "pensiero di conforto" in anticipo per rassicurare te stesso che non è davvero un grosso problema.

Framing

Il framing è una di quelle tecniche PNL che si adatta bene ad altre tecniche PNL. La tecnica di framing stessa è una forma di amplificazione emotiva o de-amplificazione che funziona ricostruendo (o forse correggendo) le connessioni tra l'amigdala e il tuo ippocampo nel tuo sistema limbico. Ciò che rende la tecnica di framing NLP più efficace è la sua coerenza e capacità di essere implementata rapidamente insieme ad altre tecniche NLP.

L'ipnotizzatore dovrebbe rendersi conto, per eseguire questo processo, che c'è un beneficio secondario, o un risultato positivo, conseguito da ciascuna delle azioni che una persona esegue. La conseguenza del comportamento è significativa perché questo è il motivo per cui il soggetto agisce in primo luogo. Il comportamento viene scelto per raggiungere un risultato. Una volta ottenuto il risultato, esso non è più così importante.

Nel processo di riformulazione l'ipnotizzatore agisce per negoziare e discutere con l'inconscio del soggetto. L'obiettivo è quello di far sì che esso si assuma la responsabilità di sostituire il soggetto in qualche nuovo comportamento che sia possibile e che abbia successo nel raggiungere necessariamente il beneficio secondario. Mentre tutto ciò si verifica nel subconscio, il nuovo comportamento nella loro mente cosciente sarà più appropriato per il soggetto.

Esercizio: *Rammenta un ricordo che è collegato con emozioni negative in questo momento. Non c'è niente di sconvolgente! Usa qualcosa come la bocciatura in un esame o un colloquio non andato a buon fine. Ne hai uno? Grande. Continua a leggere.*

Che cosa stava accadendo?

Il lobo frontale (corteccia prefrontale) o il talamo stavano comunicando con l'ippocampo e il resto del sistema limbico senza entrare troppo nei dettagli per trovare un ricordo negativo accettabile.

L'Ippocampo (responsabile della memorizzazione e del reperimento della memoria a lungo termine) ha appena creato un'immagine per riflettere la memoria, forse alcuni suoni o brevi frammenti video (il cosiddetto highlight reel).

Il ricordo è stata considerato recente dall'Amigdala (responsabile delle emozioni). Le immagini delle emozioni in quel ricordo vengono analizzate e tutto è collegato all'amigdala dove otterrai un chiaro "promemoria" di cosa si prova con quelle emozioni. Sarà negativo in questo scenario.

Vedi a cosa posso arrivare? Lo vedi, ovviamente, perché sei intelligente. Non so chi o quando, ma qualcuno ha scoperto questo fatto super-pratico: poiché le emozioni non sono conservate nella memoria, esse sono semplicemente abbozzate; quindi le emozioni correlate alla memoria devono essere modificate!

Il Meta Model

Il Meta Model è un metodo psicologico che puoi usare per aiutarti a capire e comprendere meglio i problemi di altre persone. Il Meta Model significa letteralmente decostruire ciò che qualcuno sta facendo per trovare la causa principale del problema. A volte, quando qualcuno ha un problema, sa già inconsciamente qual è la risposta. Spesso accade anche che non gli piaccia la soluzione ovvia e continui a sollevare il problema nella speranza di una soluzione diversa e migliore in arrivo. Questo è molto comune nei problemi delle relazioni. Il Meta Model è progettato per abbattere il modo in cui qualcuno sta pensando alla sua domanda, per venirne a capo.

Ad esempio:

Sam: Amico, a volte mia moglie può essere così irritante!

Risposta semplice: Perché, cosa sta facendo?

La sua risposta (forse erroneamente) suggerisce che la ragazza fa qualcosa di specifico per offendere Sam.

La risposta deve far sì che il minor numero possibile di ipotesi entrino nel Meta Model.

Sam: Amico, a volte mia moglie può essere così frustrante!

Meta Risposta: Cosa succede esattamente quando sei davvero infastidito?

Quindi il trucco per il Meta Model è continuare a decostruire ciò che la persona dice fino a quando non si riesce ad entrare davvero nella struttura profonda.

Presupposti

Sebbene il classico programma di PNL dovrebbe considerare le presupposizioni, esse vengono spesso trascurate. È una pietra miliare del meta model di base, ma penso che la modesto presupposizione meriti il suo piccolo capitolo dato il suo utilizzo di ipnosi e suggestione.

Che cos'è un presupposto?

Un presupposto è un concetto linguistico che fa presupposti che non sono verbalizzati. Potrei suggerirti, ad esempio, "Non andrò di nuovo da Burger King!" Cosa ti farebbe presumere che in precedenza ero stato a Burger King?

In un processo, un avvocato subdolo potrebbe chiedere a un uomo: "Hai smesso di picchiare tua moglie?" Per far abituare il ragazzo (o lo fa ancora) a picchiare sua moglie. Queste sono ipotesi ovvie e vale solo la pena menzionarle rapidamente per illustrare cosa sia un presupposto.

Puoi sentire persone che dicono costantemente cose come "So che la mia religione è giusta! Perché? Perché nel mio cuore ci credo! L'ipotesi implicita qui è la parola "perché" destinata a farci cascare. Semplicemente non considerandola, siamo inclini ad accettare che probabilmente ci chiederemo "perché". In realtà non ci siamo chiesi perché, e questo tipo di concetto subdolo è molto utile per le persone che vogliono spingere la discussione in una direzione specifica.

Presupposti nell'ipnosi

I presupposti sono alla base dell'inizio dell'ipnosi. Il maestro della PNL Derren Brown suggerisce che raccogliere rapidamente delle ipotesi è il metodo migliore per l'induzione nell'ipnosi. Il modello di opzione è "Come e così"- un framework che può essere applicato a tutto ciò che accade, trasformandolo in una prova che lo stato ipnotico sta aumentando. Ad esempio:

Mentre ti siedi lì proprio al tuo posto ti senti più rilassato, quindi anche tu noti che le palpebre diventano gradualmente più pesanti.

E man mano che i tuoi occhi diventano sempre più pesanti, anche tu sentirai che diventa sempre più difficile tenerli aperti.

Ognuna di queste affermazioni contiene una verità (sei seduto al tuo posto) quindi sei destinato a sentirti rilassato, e l'affermazione presuppone che quando ti senti più rilassato senti anche le palpebre diventare gradualmente più pesanti. E poiché ti senti più rilassato, accetti automaticamente che le tue palpebre debbano essere sicuramente sempre più pesanti. E così succede.

Sebbene questi presupposti siano formulati in un modo solo leggermente differente dalla verità, diventano suggerimenti molto potenti che sono sempre più facili da seguire.

Mirroring

l mirroring è una delle tecniche PNL più efficaci (se non la più efficace) tra quelle disponibili. È molto difficile non gradire qualcuno se questo è molto bravo a utilizzare il mirroring.

Il mirroring, sebbene considerato parte del programma della PNL, è stato usato in modo innato nel corso della storia dalle persone. Inoltre, gli scimpanzé (i nostri antenati biologici) nelle loro comunità usano il mirroring. Questo solleva la seguente domanda: se è così comune, perché bisogna scrivere del mirroring? Perché ci sono livelli di abilità molto diversi, proprio come qualsiasi altra abilità che puoi nominare, e puoi migliorare molto esercitandoti.

Il mirroring è solo l'atto di imitare gli atti taciti con chiunque comunichiamo. Prima di andare a cercare di imitare ogni espressione di qualcuno, fai attenzione che deve essere impercettibile in modo da sembrare involontaria! Questa è la differenza tra una bella chiacchierata e uno schiaffo o un calcio. Copiando una di queste cose, è possibile ottenere il mirroring:

- Linguaggio del corpo

- Intonazione, tempo, ritmo, volume e tono della voce

- Modello di sintassi

- Stile del vocabolario e scelte delle parole

Applicazioni della PNL

Nella vita di tutti i giorni, la PNL ha numerosi impieghi. In questa sede considereremo alcune delle applicazioni più comuni: l'arte della seduzione, migliorare la fiducia, costruire relazioni, identificare bugie, superare le fobie, perdere peso e smettere di fumare. Quando capisci i principi, non esitare ad applicare i metodi che hai imparato ad altre circostanze nella tua vita che ti interessa.

Ognuno ha la propria versione della realtà in base al modo in cui è stato cresciuto e alle cose che vuole. Può diventare un modello per come approcciarsi a diversi scenari una volta venutasi a formare la verità. La PNL è chiaramente descritta, quindi a questo punto dovresti avere una visione chiara di cosa significhi. Quando sai come qualcun altro potrebbe usare le strategie PNL su di te, puoi anche usare tali tecniche su altre persone.

Dopo aver trasmesso una solida conoscenza della PNL e delle sue applicazioni, passiamo al terzo atto di controllo mentale, la manipolazione. Il capitolo sei ci illuminerà maggiormente sulla manipolazione.

CAPITOLO SEI

MANIPOLAZIONE

Sebbene sia improbabile che una persona venga influenzata o convinta da normali conversazioni ad alterare grandi valori, potrebbe essere persuasa a cambiare piccole cose per esempio ad acquistare biscotti da una girl scout locale o a votare in qualche modo in un'elezione.

La cosa principale da ricordare sulle prossime tre forme di controllo mentale è che è più probabile che si verifichino con le persone che si conoscono e di cui ci si fida nella vita quotidiana di una persona. Apparentemente, come con il lavaggio del cervello, una persona non posizionerà il suo soggetto in isolamento né lo manipolerà in un mutato stato d'animo. Piuttosto, nel tentativo di cambiare il modo in cui il loro soggetto pensa, userà tecniche diverse.

Questo capitolo affronterà la manipolazione e come il modo con cui il "soggetto" pensa può essere modificato. Sebbene la manipolazione non possa ferire o rappresentare un pericolo immediato per la persona che utilizza la tattica, è configurata per lavorare in modo fuorviante e subdolo per cambiare il comportamento, il punto di vista e la prospettiva che il soggetto selezionato ha rispetto a un particolare argomento o circostanza.

Manipolazione Psicologica

La manipolazione psicologica è un tipo di potere sociale volto a cambiare le azioni o gli atteggiamenti degli altri attraverso metodi indiretti, fuorvianti e subdoli. All'interno di questo metodo di controllo mentale, ci sono diversi aspetti che possono essere inclusi, come l'intimidazione o il lavaggio del cervello. Il manipolatore avrà in mente un obiettivo finale e opererà tramite diverse forme di abuso per costringere gli altri intorno a lui ad aiutare il manipolatore a raggiungere l'obiettivo finale. Spesso ci sarà un ricatto emotivo. Coloro che praticano la manipolazione useranno il controllo mentale, il lavaggio del cervello o i metodi di persuasione per convincere gli altri a svolgere i loro compiti. Il soggetto manipolato potrebbe non voler svolgere il compito, ma sente che a causa del ricatto o di altre tattiche utilizzate, non ha altra scelta.

Le persone manipolatrici hanno anche paura di entrare in una relazione stabile perché sono preoccupate che gli altri non le sostengano. Coloro che hanno un atteggiamento ingannevole non sarebbero neanche in grado di assumersi la responsabilità dei propri comportamenti, problemi e vite. Dal momento che non è in gradi assumersi la responsabilità di queste questioni, il manipolatore può usare le tecniche di manipolazione per far assumere la responsabilità a qualcun altro.

Spesso, i manipolatori possono usare le stesse tattiche utilizzate in altre forme di controllo mentale per ottenere l'influenza che vogliono sugli altri. Una delle strategie più utilizzate è chiamata intimidazione emotiva. È qui che il manipolatore opererà sull'oggetto che manipola per suscitare senso di colpa e vergogna. Queste due emozioni sono predilette perché sono considerate le due emozioni umane più forti e hanno maggiori probabilità di indurre gli altri ad assumere il comportamento del manipolatore. Quindi il manipolatore sarà in grado di sfruttare appieno la questione, usando la compassione e la vergogna che ha generato per fare pressione sugli altri affinché partecipino e li aiutino a raggiungere il loro obiettivo finale.

Spesso il manipolatore non sarà solo in grado di generare questi sentimenti, ma sarà anche in grado di ispirare gradi di empatia e rimorso sproporzionati rispetto alla situazione attuale. Ciò significa che potrebbe presentare una situazione come perdere l'opportunità di una festa come se il soggetto stesse perdendo un matrimonio o qualcosa che è davvero significativo.

Il ricatto emotivo è solo una delle tecniche dei manipolatori. Una delle altre strategie che molti manipolatori sono stati efficaci nell'usare è una forma di abuso nota come *crazy-making*. Spesso questa tecnica è designata con la speranza di creare insicurezza nel soggetto manipolato; questa insicurezza diventa spesso così intensa che alcuni soggetti iniziano a sentire che stanno impazzendo. Il manipolatore a volte usa metodi di comportamento passivo-aggressivo per creare un risultato folle. Possiamo anche scegliere di esprimere verbalmente il sostegno o l'accettazione del soggetto, ma poi dare segni non verbali che indicano interpretazioni contrastanti. Spesso il manipolatore può deliberatamente tentare di minare altre attività o azioni, mentre mostra chiaramente sostegno per la stessa condotta. Se il manipolatore viene colto nell'atto, al fine di uscire dal guaio, userà una negazione, una scusa, una razionalizzazione o una manipolazione con cattive intenzioni.

Requisiti per manipolare con successo

Un buon manipolatore deve avere tattiche a portata di mano che consentano lui di usare le persone per raggiungere il proprio obiettivo finale. Mentre ci sono molte ipotesi su ciò che rende un manipolatore di successo, vedremo i 3 requisiti stabiliti da un autore di successo in psicologia, George K. Simon. Simon dice che il manipolatore dovrà:

- Essere in grado di occultare dal soggetto i suoi comportamenti e le sue intenzioni aggressive.

- Identificare i punti deboli del soggetto o degli obiettivi individuati e decidere quali strategie avranno più successo nel raggiungimento dei suoi obiettivi.

- Avere un certo grado di spietatezza facilmente disponibile in modo da non dovere affrontare alcun disagio che può sorgere dal danneggiare gli altri, se ciò si verifica. Questo può essere un danno fisico o emotivo.

Tecniche di Manipolazione

Ricatto, ricatto emotivo, sminuire l'altra persona, mentire e creare un'illusione sono i cinque metodi più comuni che un manipolatore userà per raggiungere i suoi obiettivi finali.

Ricatto

Il ricatto è la prima tattica che un manipolatore userebbe. Il ricatto è considerato un atto che comporta minacce ingiustificate di non dare alcun compenso o causare una perdita al soggetto a meno che la richiesta del manipolatore non sia soddisfatta. Può anche essere descritto come l'atto di intimidazione che comporta minacce di azioni penali, minacce di prendere beni o denaro dal soggetto o minacce di danni fisici al soggetto.

Ricatto Emotivo

Una tattica simile nota come ricatto emotivo può essere usata dal manipolatore. Durante questo metodo il manipolatore può cercare di suscitare compassione e colpa nel soggetto. Il manipolatore può lavorare con il ricatto emotivo per indurre emozioni abbastanza potenti da motivare il soggetto all'azione. Mentre il soggetto potrebbe sentire di dare una mano di loro spontanea volontà, il manipolatore è riuscito ad assicurarsi che egli lo aiuti e tiri fuori le emozioni all'occorrenza.

Sminuire l'altra persona

Un modo per raggiungere questo obiettivo è l'umorismo. L'umorismo ridurrà le barriere che altrimenti potrebbero esistere dato che l'umorismo è divertente e fa sentire meglio le persone. Il manipolatore può fare delle critiche uno scherzo. Anche se lo sminuire si è trasformato in uno scherzo, funzionerà bene come se lo scherzo non fosse presente senza lasciare delle cicatrici visibili sul soggetto.

Inoltre, è indirizzato dal manipolatore sotto forma di terza persona. Consente lui di mascherare ciò che intende in modo più comodo e di fornire un modo conveniente per negare di aver fatto del male se il senso di colpa torna più tardi a perseguitarlo. Ad esempio, potrebbe iniziare lo sminuimento con "Certe persone pensano ..." Se il bersaglio può ancora dedurre che i commenti sono stati fatti su di loro, allora il manipolatore lo terminerà con una frase buttata là che potrebbe includere qualcosa come "società attuale esclusa, ovviamente".

Lo scopo dello sminuimento è quello di far sentire il soggetto inferiore rispetto a quello che il manipolatore in qualche modo è. Spinge il manipolatore a un nuovo livello e dà la sensazione al soggetto di volere qualcosa. È più probabile che il soggetto voglia migliorare le cose e correggere eventuali errori che ha commesso. Questo posizionerà il manipolatore in una posizione di potere e sarà in grado di far sì che il soggetto lo aiuti più facilmente.

Mentire

Indipendentemente da quale sia l'obiettivo finale del manipolatore, mentire è qualcosa in cui egli è esperto e andrà sempre a fare per ottenere ciò che vuole. Ci sono diversi tipi di menzogne che il manipolatore può usare per contribuire a raggiungere i suoi obiettivi finali. Alcuni raccontano bugie mentre altri omettono parti della realtà dai loro discorsi.

Creare un'illusione

Il manipolatore deve seminare le idee e i fatti nella mente del soggetto per iniziare l'inganno. Una volta che queste idee sono in atto, il manipolatore sarà in grado di fare un passo indietro per alcuni giorni per consentire alla manipolazione di verificarsi in quel lasso di tempo nella mente dei soggetti. Il manipolatore avrà più opportunità di far proseguire il soggetto lungo lo schema dopo quel periodo.

La manipolazione è una sorta di controllo mentale a cui il soggetto ha difficoltà a resistere. A differenza del lavaggio del cervello o dell'ipnosi discussa nei capitoli precedenti, la manipolazione può avvenire nella vita di tutti i giorni e può verificarsi in alcuni casi senza molta consapevolezza o controllo del soggetto. Il manipolatore deve lavorare discretamente per raggiungere il suo obiettivo finale senza risultare sospetto al soggetto o disturbare il processo.

Ti è mai capitato di dover comprare qualcosa di cui non avevi bisogno solo perché l'hai visto in una pubblicità? Questa è persuasione. Come puoi comprenderla e padroneggiarla? Il Capitolo Sette discuterà l'arte del controllo mentale della persuasione.

CAPITOLO SETTE
PERSUASIONE

La persuasione è un'altra forma di controllo mentale che verrà affrontata. La persuasione è un meccanismo che mira a cambiare la mentalità o le azioni di un individuo (o gruppo) verso un'attività, un concetto, un'entità o un'altra persona.

Sebbene questo metodo di controllo mentale non abbia tanto clamore mediatico quanto il lavaggio del cervello o l'ipnosi, può essere altrettanto efficace se utilizzato correttamente. La difficoltà con questa tecnica è che ci sono così tante forme diverse di persuasione nella vita di tutti i giorni che può essere difficile fare breccia sul soggetto e fare la differenza.

Negli annunci in tv, quando c'è un dibattito, o anche quando c'è una discussione, entra in gioco una sorta di persuasione. Le persone usano spesso la persuasione senza saperlo a proprio vantaggio. Se la gente pensa alla persuasione, spesso salteranno fuori risposte diverse. Alcuni potrebbero pensare alla pubblicità o agli annunci che vedono intorno a loro, i quali esortano ad acquistare un articolo invece di un altro. Altri potrebbero pensare alle convinzioni politiche e a come i politici possano cercare di influenzare la mente dell'opinione pubblica per ottenere un voto in più. Entrambe sono forme di persuasione poiché colui che parla tenta di cambiare il modo di pensare del soggetto. La persuasione può essere riscontrata nella vita di tutti i giorni, ed è una forza potente, oltre che di grandissima influenza sugli argomenti e sulla cultura. Il marketing, i mass media, le decisioni legali e il governo saranno tutti influenzati dal funzionamento della persuasione, e in effetti cercheranno anche di persuadere il soggetto.

ELEMENTI DI PERSUASIONE

Come per altre forme di controllo mentale, quando si tratta di persuasione, ci sono alcuni elementi da ricercare. Tali aspetti aiutano a definire esattamente cos'è la persuasione per renderla più identificabile. Secondo Perloff nel 2003, la persuasione è definita come "un meccanismo simbolico in cui le comunicazioni mirano a convincere alcune persone a cambiare i loro atteggiamenti o comportamenti su una questione trasmettendo un messaggio in un contesto di libera scelta".

Questo è uno degli aspetti che contraddistingue la persuasione dagli altri metodi di controllo mentale; il soggetto è spesso autorizzato ad prendere le proprie libere scelte in materia, anche se le tecniche di persuasione possono contribuire a spostare la mente del soggetto in una particolare direzione. Ci sono alcuni elementi di persuasione che aiutano a descriverla ulteriormente.

Gli elementi sono i seguenti:

- La persuasione è visiva, il che significa che i suoni, le immagini o le espressioni vengono utilizzati per far passare un messaggio.

- La persuasione coinvolge una persona che cerca di

influenzare intenzionalmente il soggetto o il pubblico.

- Una parte cruciale di questo processo è l'auto persuasione. Spesso l'obiettivo non è costretto, ma gli viene data la libertà di scegliere la propria opzione.

- Esistono molti modi per trasmettere messaggi convincenti, come faccia a faccia, per telefono, radio e TV. Ci può anche essere interazione verbale e non verbale.

Metodi di persuasione

I metodi di persuasione possono spesso essere indicati con vari termini, come metodi di persuasione e tecniche di persuasione. Solo una strategia può essere utilizzata per convincere qualcuno a pensare o agire in qualche modo. L'agente può essere in grado di parlare con il soggetto quando fornisce prove per cambiare la mente del soggetto, può essere in grado di usare un qualche tipo di forza o influenza contro il soggetto, e può essere in grado di eseguire un qualche tipo di servizio all'ascoltatore, o utilizzare un'altra tattica.

Uso della forza

L'agente può decidere che è una buona idea usare una certa forza per convincere il soggetto a pensare a modo suo, a seconda della situazione. Questo può verificarsi se le idee non sono compatibili l'una con l'altra, il dialogo quotidiano non funziona o l'agente si irrita e non è soddisfatto del cambio di conversazione. A volte la forza è usata come tattica intimidatoria poiché dà al soggetto meno tempo per pensare in maniera oggettiva a ciò che accade quando si svolge una normale conversazione.

La forza viene usata tipicamente quando l'agente è meno in grado di usare gli altri mezzi di persuasione disponibili, ma a volte si ottiene spesso un inizio con l'uso della forza. Altre volte, la forza può essere utilizzata quando l'agente sente di perdere il controllo o quando il soggetto può sottoporre all'agente delle prove contraddittorie e l'agente è frustrato.

Armi d'influenza

Un approccio che può essere utilizzato per convincere il soggetto a cedere è quello di utilizzare le armi di influenza disponibili. Robert Cialdini ha definito queste sei forze.

Reciprocità

Il principio di reciprocità è il primo strumento di potere. Questo principio stabilisce che il soggetto dovrebbe cercare di ripagare l'agente con la stessa moneta se una persona, l'agente, fornisce all'altra persona, il soggetto, qualcosa di valore. Fondamentalmente significa che quando l'agente svolge un qualche tipo di servizio al soggetto, il soggetto può credere di avere l'obbligo, ad un certo punto, di svolgere un servizio simile all'agente. Anche se i due servizi potrebbero non essere gli stessi, hanno lo stesso valore perché corrispondo l'uno all'altro ad un obbligo. L'agente potrebbe avere maggiori probabilità di convincere il soggetto a fare o comportarsi in qualche modo perché il soggetto avrà quel senso del dovere che incombe su di lui.

Il vantaggio aggiuntivo dell'uso della reciprocità da parte dell'agente è che non è solo una posizione morale a gravare sul soggetto; è anche una posizione rispettata dai codici sociali.

Impegno e coerenza

La coerenza è uno degli aspetti più importanti del processo di persuasione. Questo perché la coerenza è molto apprezzata nella società: il più delle volte la gente vuole che le cose rimangano così. La coerenza offre un sentiero molto utile attraverso le complessità della vita moderna.

Prova sociale

Il soggetto sarà influenzato dalle persone che lo circondano; avrà maggiori probabilità di voler fare quello che fanno gli altri invece di fare le loro cose. Il soggetto baserà le proprie credenze e comportamenti su ciò che gli altri fanno a loro, su come si comportano e in cosa credono.

Gradimento

Ci sono due fattori chiave che porteranno alla preferenza dell'agente per il soggetto. L'attrattività fisica è la prima, e la somiglianza è la seconda.

Per prima cosa, se l'agente è esteticamente attraente per il soggetto, avrà l'impressione di essere più convincente in quanto può ottenere più rapidamente ciò che vuole, influenzando al contempo gli atteggiamenti degli altri.

Il secondo fattore è un po' meglio, la somiglianza. La teoria è che il soggetto è molto più propenso a rispondere affermativamente a ciò che l'agente chiede se il soggetto è simile all'agente. Questo meccanismo è abbastanza normale e il più delle volte il soggetto non dovrà preoccuparsi se è la cosa giusta da fare quando è simile all'agente e se l'agente gli piace.

Autorità

Un modo in cui l'agente può riuscire a persuadere il soggetto è diventando un esperto. Molte persone hanno la tendenza a presumere che qualcosa che un esperto dice su un argomento sia reale. È più probabile che il soggetto preferisca ascoltare un agente affidabile e competente; ciò significa che se l'agente può mettere sul piatto queste due cose, è già sulla strada per far ascoltare e persuadere il soggetto.

Scarsità

Se la disponibilità di una merce o di un'idea è limitata, è più probabile che le venga allocato un valore più elevato. Secondo Cialdini, i consumatori desiderano maggiormente quello che non possono avere. Lo specialista della persuasione sarà in grado di sfruttare la nozione di scarsità. Dovrà trovare un modo per far credere al soggetto che un articolo è unico spiegando perché è così diverso e che fa cose che nient'altro può fare. L'agente dovrà lavorare nel modo giusto sul suo soggetto.

Strategie Pratiche di Persuasione

Se l'agente vuole riuscire a persuadere il soggetto a fare qualcosa, delle strategie dovranno essere create alcune per facilitarlo nel suo scopo. Ogni giorno il soggetto si confronterà con varie forme di persuasione. I produttori di cibo opereranno per far acquistare al soggetto gli articoli nuovi o più vecchi mentre gli studi pubblicizzeranno i loro ultimi blockbuster. Poiché la persuasione può essere presente quasi ovunque, trovare un modo per imporre il proprio punto di vista sul soggetto sarà una sfida importante per l'agente. Le tre strategie di persuasione che offrono all'agente il maggior profitto sono: stabilire un bisogno, fare appello sulle esigenze sociali e usare immagini e parole suggestive.

Creare un'esigenza

Questo tipo di persuasione è allettante per il soggetto se eseguita correttamente; ciò significa che, per avere successo, l'agente dovrà fare appello ai bisogni fondamentali del soggetto, come il suo bisogno di autorealizzazione, autostima, amore, cibo e riparo. Il motivo per cui questo approccio funzionerà così bene per l'agente è che questi elementi saranno genuinamente desiderati dal soggetto.

Appello alle Esigenze Sociali

Sebbene le esigenze sociali non possano essere utilizzate così come le esigenze primarie, rimangono uno strumento importante che può essere impiegato. Alle persone piace essere riconosciute e a loro piace far parte della massa. A loro piace l'attenzione che alcuni indumenti danno loro e sentono di appartenere a uno status sociale più elevato. Il concetto di appello alle esigenze sociali del soggetto può essere osservato nella maggior parte degli spot televisivi online; in questi annunci, il pubblico sarà persuaso ad acquistare un oggetto in modo che possa diventare ben noto, nonché simile a tutti gli altri.

Uso di immagini e parole suggestive

Ci sono molti modi diversi di dire la stessa cosa, ma un modo può spronare il soggetto all'azione mentre l'altro non lo farà. Quando si tratta di usare la persuasione, dire le parole giuste nel modo giusto farebbe la differenza.

La persuasione è un metodo di controllo mentale potente benché spesso frainteso e ignorato. Ciò può essere dovuto al fatto che essa lascia al soggetto una maggiore flessibilità rispetto agli altri tipi di controllo mentale. Il soggetto viene manipolato e sottomesso dall'agente nelle altre scelte, a volte in isolamento, e finisce per non avere nessuna influenza su ciò che sta succedendo nel processo. I fatti sono presentati in termini di persuasione, in modo che il soggetto possa decidere da solo, anche se i fatti vengono messi in modo che essi appaiano sotto la luce migliore.

Passi Pratici verso la Persuasione

Sia che tu stia cercando di convincere i tuoi genitori a farti guardare un film da adulti o di persuadere il tuo capo a spingere il progetto di gruppo in un'altra direzione o persino cercare di convincere qualcuno ad acquistare il tuo prodotto o a abbonarsi a un servizio o persino a tenere un seminario, ci sono alcune tattiche persuasive che possono aiutarti a far passare il tuo messaggio.

Innanzitutto, analizza attentamente e valuta entrambi i lati della tua causa in modo da poter supportare il tuo punto di vista. Poi cerca di usare uno dei metodi della retorica per convincere il tuo pubblico. Stabilisci la tua intuizione ricorrendo al fascino del personaggio, usa l'umorismo per manipolare le emozioni del tuo pubblico o fai appello alla presentazione dei fatti con ragione e logica. Usa una combinazione di queste tecniche e attinenti alle reazioni del tuo pubblico:

Prepara la tua strategia

- Per sostenere il tuo ragionamento, raccogli prove. Sia che tu stia cercando di convincere un partner titubante ad andare con te a una festa o di presentare una proposta a una commissione scettica, devi essere l'esperto. Svolgi tutto il lavoro di cui hai bisogno a sostegno del tuo caso per ottenere prove convincenti. Dove trovare le informazioni dipende da ciò di cui stai parlando, quindi dovrai usare solo le fonti più credibili e legittime.

- Pianifica quello che dirai in anticipo per le contro argomentazioni. Consenti al tuo pubblico di rispondere con un paio di posizioni contrarie. Fai brainstorming su tutte le potenziali contro argomentazioni che potrebbero fare quando raccolgono prove sul tuo tema. Conosci su quali fatti si baserà il tuo avversario e perché ha tali opinioni. E pianifica come hai intenzione di rispondere a questa prospettiva. Per aiutarti a rispondere, raccogli prove.

- Affronta la questione in un modo a cui l'altra persona reagirà positivamente. Adatta il tuo approccio in base alla personalità del tuo pubblico e a come gli piace assorbire nuove informazioni. Ripensa a un momento in cui quella persona ha accettato qualcosa che hai proposto e cerca di ricordare e convincerla sul perché hai menzionato quell'argomento. Quindi, sulla base di questo esempio riuscito, sviluppa la procedura.

Affermare la tua Credibilità

Spiega perché sei un esperto in materia. Fornisci la prova della tua esperienza e conoscenza affinché il tuo pubblico ti consideri immediatamente un'autorità. All'inizio della tua conversazione ricorda gli incontri e i successi passati che ti hanno dato molta esperienza nel settore di cui stai parlando. Usa esempi come questi per illustrare perché vale la pena ascoltare il tuo caso.

Usa parole chiave che indicano che hai molta familiarità con l'argomento. Usa parole del vocabolario che si addicono al tema di cui stai parlando. Invece di evitare gergo, abbreviazioni o frasi complessi, aspetta ad utilizzare questi termini e assicurati di sapere come usarli. Poi lasciali cadere durante la discussione e l'ascoltatore rimarrà colpito. Ciò è particolarmente utile se il tuo pubblico è un esperto nel tuo argomento; cerca di parlare la loro lingua in modo che ti vedano come un esperto.

Sostieni il tuo punto con elementi visivi come un grafico o l'abito giusto per convincere. Pensa a ciò che lo spettatore vorrebbe vedere, e daglielo e basta. Se vuoi definirti un esperto di qualche tipo, vesti la parte. Fornisci informazioni visive nel tuo outfit e ausili visivi che possono essere colti dal tuo pubblico.

Dimostra la fiducia in te stesso e i tuoi punti. Sta' dritto, guarda negli occhi, sorridi e mantieni la voce uniforme e perfino ottimista. Afferma le tue convinzioni come fatti invece di minarle con "Penso X" o "Penso Y". Di' "Sono irremovibile su X" per mostrare al tuo pubblico quanto credi profondamente nel tuo messaggio.

Coinvolgere le Emozioni

- Usa pronomi plurali come "noi" o "il nostro". Non usare pronomi come "Io" o "me" e non rivolgerti al tuo ascoltatore come "tu". Ti mette in contrasto con il tuo ascoltatore e può far sì che i tuoi tentativi di persuaderli siano percepiti come un attacco personale. Per far sembrare che tu e il tuo ascoltatore state dalla stessa parte, usate frasi come "noi" o "nostro". Rafforza la sua mentalità di gruppo con termini come "noi" e "tutti noi".

- Fornisci una storia di impatto che stimoli le emozioni del tuo pubblico. Racconta una storia accattivante che rappresenti l'argomento che tocca il cuore del tuo ascoltatore. Usa i tuoi fatti per creare una narrazione reale ma convincente sul personaggio principale che affronta alti, bassi, risvolti e colpi di scena. Questo personaggio potresti essere tu, un membro della community o un personaggio inventato purché la storia provi ciò che stai cercando di dimostrare. Usa un linguaggio descrittivo per spiegare come sono le cose ora e quanto potrebbero cambiare con la tua visione in atto.

- Suscita rabbia o pietà per scatenare un'azione. In combinazione con una narrazione efficace, promuovi isteria e compassione per il tuo ascoltatore. Parla con un tono di voce intenso o muovi il tuo corpo con movimenti facciali che dimostrano quanto sei scosso e motivato. Se il tuo pubblico vuole imitare i tuoi sentimenti, demonizza il contrario per farlo agitare ancora di più.

- Mettendolo al centro della tua storia, lusinga il tuo pubblico. Solletica l'ego del tuo ascoltatore. Metti il tuo ascoltatore al centro della tua trama invece di presentare le implicazioni negative per un protagonista nella tua storia emotiva. Spiega le ripercussioni se non seguono il tuo punto di vista e spiega il risultato positivo in un modo che susciterà le loro speranze e desideri. Aiuta a vedere la ricompensa per il tuo ascoltatore.

Affidati a Fatti e Logica

- Inizia con fatti che il tuo ascoltatore può capire per aprire la sua mente. Inizia con suggerimenti con cui il tuo ascoltatore si identifichi già prima di entrare nei fatti e nei numeri reali. Spiegali in un modo che garantisca che il tuo ascoltatore sia d'accordo. Prova a formulare un argomento generale come una domanda a cui il tuo ascoltatore può dire di sì e considera di finire i punti con il "giusto" retorico?

- Sostieni le tue affermazioni con l'evidenza dei fatti. Dovrai sostenere le affermazioni più controverse con prove man mano che superi i punti ovvi e non controversi. Attingi da fonti credibili dati statistici, cifre, risultati di test e altre prove simili. Includi come prova addizionale ausili visivi e materiale dalla fonte originale. Cerca di memorizzare i fatti più importanti nella tua discussione in modo da poterli far emergere rapidamente.

- Creare argomenti logici. Conduci il pubblico per dichiarazioni logicamente valide e solide. Per dimostrare il tuo punto di vista, usa il ragionamento induttivo. Inizia spiegando un particolare caso di studio e trai da esso conclusioni più grandi. O usando il ragionamento deduttivo per adottare l'approccio opposto. Per fare questo, prima dimostra un fatto generale e poi applicalo al caso specifico. Evita di commettere errori logici, ovvero trarre conclusioni errate usando dimostrazioni.

Presentare il proprio ragionamento

- Inizia la conversazione in modo rilassato e aperto per il tuo pubblico. Persuadere qualcuno è tutta questione di tempismo. Presta attenzione a che punto del processo decisionale si trova il tuo ascoltatore. Per favore chiedi specificamente. Concentrati sul mantenimento di un rapporto positivo con l'ascoltatore fino a quando non è in vena di prendere una decisione, se ancora non è il momento giusto.

- Metti in azione l'ascoltatore creando un senso di urgenza e scarsità. Utilizza la data di scadenza della tua offerta promozionale per dimostrare che la decisione deve essere presa rapidamente. Di' ai tuoi amici che sono rimasti solo pochi biglietti per il concerto. Fai sapere al tuo collega titubante che state andando tutti a pranzo in questo momento! "Verrai lasciato indietro se non agisci subito." Nella paura di perdere la sua occasione, persuadi il pubblico ad agire rapidamente.

- Affronta e difenditi dalle contro-argomentazioni. Chiedigli cosa sta realmente pensando prima che il pubblico abbia la possibilità di intervenire con una visione opposta.

- Gioca in anticipo dal punto di vista opposto. Discutine in modo empatico, in modo che si senta ascoltato e compreso dal tuo pubblico. E logicamente argomenta contro di esso in vostra difesa.

- Mantieni la calma quando la tua osservazione viene espressa e difesa. Non permettere alle tue emozioni di sopraffarti. Anche se fai un appello emotivo, tieni sotto controllo i tuoi sentimenti e la tua rabbia.

- Se il tuo ascoltatore è d'accordo, rallenta il tuo discorso, ma accelera quando non sono d'accordo. Se pensi che il tuo ascoltatore sarà d'accordo con te, o noti che stanno annuendo quando discuti il tuo caso, rallenta il tuo discorso. Concedi loro un sacco di tempo per assorbire i tuoi fatti e presentare le loro argomentazioni a sostegno del tuo caso. Ma se hai un ascoltatore più tosto che non è d'accordo, percorri rapidamente i tuoi ragionamenti in modo che non possano tenere il passo con la loro critica.

- Sii pronto a rilassarti o diventare più ostile a seconda delle reazioni del tuo pubblico. Individua le reazioni del tuo ascoltatore mentre dici qualcosa di convincente. Guarda le espressioni facciali, il linguaggio del corpo e persino il respiro. Tutte queste abitudini ti diranno cosa prova qualcuno.

Strettamente legato alla persuasione è l'inganno, un altro mezzo per fare astutamente leva sulle emozioni. Il Capitolo Otto ci illuminerà ulteriormente sulla potente arte del controllo mentale dell'inganno.

CAPITOLO OTTO
INGANNO

Il metodo di controllo mentale avrà alcuni parallelismi con la manipolazione in quanto i manipolatori useranno molti inganni per raggiungere il loro obiettivo finale. Questa sezione approfondirà il funzionamento dell'inganno, i metodi utilizzati in esso e alcuni dei risultati.

Un inganno è un atto usato dall'agente per diffondere idee nel soggetto riguardo a fatti che sono falsità o che sono solo verità parziali, insieme a sotterfugi, mistificazione, bufale, provocazione e seduzione. L'inganno può includere molte cose diverse come occultamento, travestimento, distrazione, gioco di prestigio con le mani, manipolazione e occultamento. L'agente sarà in grado di controllare la mente del soggetto perché sarà considerato attendibile dal soggetto. Il soggetto potrebbe credere a ciò che dice l'agente e potrebbe persino basare piani futuri e modellare la propria vita sulle cose che l'agente ha detto. L'inganno avviene anche in termini di relazioni.

Tipi di inganno

L'inganno è una forma di comunicazione che si basa su omissioni e menzogne per persuadere il soggetto a adattarsi al meglio all'oggetto dell'ambiente. Quando c'è contatto, diversi tipi di inganno possono verificarsi. Si possono individuare 5 diversi tipi di inganno, secondo la teoria dell'inganno interpersonale. Nelle altre forme di controllo mentale, alcune di queste sono state viste, suggerendo che potrebbe esserci qualche sovrapposizione. Le cinque principali forme di inganno sono:

Bugie

Si verifica quando l'agente raccoglie dati e fornisce informazioni totalmente diverse da ciò che è la verità. Può presentare al soggetto tali informazioni come un dato di fatto e saranno viste da quest'ultimo come la verità. Ciò può essere rischioso in quanto il soggetto non sa che gli vengono propinate informazioni false; se il soggetto sapesse che le informazioni sono inesatte, certamente non parlerebbe con l'agente e non ci sarebbe alcun inganno.

Equivoci

Si verifica quando l'agente fa affermazioni incoerenti, vaghe e indirette. Questo mira a confondere il soggetto e a non fargli capire cosa sta succedendo. Se il soggetto ritorna in un secondo momento e tenta di incolpare l'agente per le informazioni false, può anche consentire all'agente di salvarsi la faccia.

Occultamenti

Questa è una delle forme di inganno più comunemente utilizzate. Gli occultamenti si verificano quando l'agente omette intenzionalmente dati rilevanti o importanti per il contesto e partecipa a qualsiasi azione che nasconda informazioni rilevanti per il soggetto in quel particolare contesto. È improbabile che l'agente abbia mentito esplicitamente al soggetto, ma si assicurerà che le informazioni importanti richieste non siano mai disponibili per il soggetto.

Esagerazione

Si verifica quando l'agente ingigantisce un fatto o distorce velatamente i fatti per trasformare la storia come desidera. Anche se l'agente potrebbe non mentire esplicitamente al soggetto, farà sembrare la situazione un affare più grande di quello che è realmente o cambierà un po' la realtà in modo che il soggetto faccia quello che l'agente vuole.

Sottovalutazione

La sottovalutazione è l'esatto contrario del metodo dell'esagerazione perché l'agente sminuisce o minimizza aspetti della realtà. Diranno all'altro che un evento non è un grosso problema quando potrebbe in realtà essere la cosa che determina se il soggetto si laurea o ottiene quella grande promozione. L'agente sarà capace di tornare in seguito per dire loro come hanno fatto a non rendersi conto di quanto fosse importante, facendo bella figura e facendo sembrare l'altro soggetto quasi patetico se si lamenta. Questi sono solo alcuni dei possibili tipi di inganno.

Ragioni dell'inganno

Gli studiosi hanno dimostrato che ci sono tre ragioni principali che sono presenti negli inganni trovati in relazioni strette. Questi includerebbero ragioni legati al partner, ragioni legati a se stessi e ragioni legate alla relazione.

Tecniche di inganno

Camuffamento

Si verifica quando l'agente agisce in un certo modo per nascondere la verità in modo che il soggetto non sappia che ci sono informazioni mancanti. Spesso quando l'agente usa mezze verità nel comunicare informazioni, la sua strategia verrà utilizzata. Il soggetto capirà che l'inganno è avvenuto solo in seguito, quando queste verità vengono in qualche modo allo scoperto.

Travestimento

L'agente lavora per creare l'illusione di essere qualcosa o qualcun altro quando ciò accade. È quando l'agente nasconde tutto di sé dal soggetto, incluso il suo vero nome, quello che sta facendo di professione, con chi è stato e cosa ha intenzione di fare quando esce. Questo va oltre il semplice cambio dell'abito che viene indossato in una commedia o in un film; quando il travestimento viene utilizzato nel processo di inganno, l'agente tenta di cambiare la propria intera identità per confondere e fuorviare il soggetto.

Simulazione

Consiste nella visualizzazione di dati falsi. In una simulazione, ci sono tre metodi che possono essere utilizzati come l'inganno, la falsificazione o l'imitazione. L'agente può rappresentare involontariamente qualcosa di identico a se stesso nella mimica e nella copia di un altro modello. Potrebbe avere un'idea simile a quella di qualcun altro e presumerà che sia tutta loro invece di dare credito ad altri. Con mezzi uditivi, visivi e di altro tipo, è un tipo di simulazione che può spesso verificarsi.

La falsificazione è un altro metodo che può essere utilizzato dall'agente quando si utilizza l'inganno. Ciò significa che l'agente prenderà qualcosa che viene effettivamente trovato e lo cambierà in modo che sia diverso. Può raccontare una storia che non è accaduta o con l'aggiunta di abbellimenti che la fanno sembrare migliore o peggiore di quanto non sia. Mentre il nucleo della storia potrebbe essere vero, sì, ha ottenuto un brutto voto in un esame, alcune cose extra verranno aggiunte, ad esempio l'insegnante gli ha dato intenzionalmente un brutto voto. La verità è che l'agente non si è esercitato, ed è per questo che ha ottenuto un punteggio negativo.

Infine, nell'inganno, la distrazione è un altro tipo di simulazione. Questo è quando l'agente cerca di ottenere che il suo bersaglio concentri la sua attenzione su qualcosa di diverso dai fatti; in genere adescando o fornendo qualcosa di più allettante della verità nascosta.

Dopo aver conosciuto tutti questi cinque atti di controllo mentale, se desideri diventare un maestro manipolatore c'è un'ultima cosa che devi capire. L'arte del linguaggio del corpo. Il prossimo capitolo ti aiuterà a vedere come puoi padroneggiare l'arte.

SINTESI

Dopo aver studiato tutte e 5 le forme di manipolazione mentale (controllo mentale) chiediti

- Ho visto modi in cui posso migliorare per padroneggiare o liberarmi da una o più, se possibile tutte e 5 le forme di manipolazione mentale?

- Ho delineato la linea d'azione necessaria da intraprendere?

- Possiedo la disciplina per attenermi alla linea d'azione che ho delineato?

- Se dovessi sperimentare alcune carenze nel seguire i miei obiettivi delineati, come posso rimettermi rapidamente in pista?

CAPITOLO NOVE
PADRONEGGIARE L'ARTE DEL LINGUAGGIO DEL CORPO

Dopo aver acquisito la conoscenza degli aspetti del controllo mentale, delle loro tecniche e tipi, tutta quella conoscenza sarà inutile se non comprendi il linguaggio del corpo. Il linguaggio del corpo ti aiuterà sia a rilevare se qualcuno sta tentando di controllarti o se è bendisposto verso di te e anche a controllare gli altri (individuando le vulnerabilità).

Sul posto di lavoro, a scuola, a casa o fuori con gli amici, il linguaggio del corpo delle persone intorno a te la dice lunga. È stato riportato che il linguaggio del corpo comprende più del 60% di ciò che comunichiamo, quindi imparare a leggere i segnali non verbali inviati dalle persone è un'abilità preziosa. Dai gesti degli occhi alla direzione in cui una persona muove i suoi piedi, il linguaggio del corpo mostra ciò che una persona sta realmente pensando. In questo capitolo ci sono suggerimenti utili per aiutarti a imparare a leggere il linguaggio del corpo e capire meglio le persone con cui ti connetti perché questo è necessario per determinare quando qualcuno sta cercando o ti sta già controllando.

Studia gli occhi

I movimenti degli occhi possono essere molto eloquenti. Presta attenzione se lui o lei entra in contatto visivo diretto o distoglie lo sguardo mentre interagisce con qualcuno. L'incapacità di stabilire un contatto diretto con lo sguardo può significare disagio, disinteresse o persino inganno, in particolare quando qualcuno distoglie lo sguardo e guarda di lato. D'altra parte, se una persona guarda in basso, spesso indica nervosismo o sottomissione. Individua pupille dilatate per capire se qualcuno sta reagendo a te favorevolmente. Quando l'attività mentale aumenta, le pupille si dilatano e se qualcuno si concentra su qualcuno o qualcosa di cui ha bisogno, le sue pupille si dilatano istantaneamente. Può essere difficile rilevare la dilatazione delle pupille, ma dovresti essere in grado di rilevarla nelle giuste condizioni. Anche la velocità a cui una persona sbatte le palpebre la dice lunga su ciò che accade internamente. Quando le persone pensano di più o diventano ansiose, la velocità a cui sbattono le palpebre aumenta. In alcune situazioni, sbattere velocemente le palpebre indica inganno, in particolare se in seguito si tocca il viso (specialmente la bocca e gli occhi). Può significare un impulso che quella persona ha di guardare qualcosa.

Per quanto riguarda il comportamento degli occhi, è anche implicito che guardare in alto e a destra durante la conversazione suggerisce che è stata rivelata una bugia, **e** potrebbe anche essere un segno di inganno o un tentativo di manipolarti. La persona dice la verità guardando verso l'alto e verso sinistra. La ragione di ciò è che se le persone usano la loro immaginazione per creare una storia, guardano in alto e a destra quando rammentano un ricordo reale.

Osserva il volto

Mentre le persone hanno maggiori probabilità di controllare la loro espressione facciale, quando presti molta attenzione, puoi comunque captare cruciali segnali non verbali. Quando cerchi di decifrare il comportamento non verbale, presta particolare attenzione agli occhi. Sorridere è una tecnica semplice per suscitare il linguaggio del corpo. Il sorriso può essere un gesto di successo. Sorridere è un importante segnale non verbale che dovrebbe essere notato. Ci sono vari tipi di sorrisi, tra cui sorrisi genuini e sorrisi finti. Un sorriso genuino coinvolge tutto il viso, mentre un sorriso finto usa solo le labbra. Un sorriso genuino suggerisce che la persona è felice e le persone intorno a lui o lei si godono la compagnia.

D'altra parte, un sorriso falso ha lo scopo di trasmettere felicità o accettazione, ma implica che qualcos'altro è effettivamente sentito da chi sorride. Un'altra espressione facciale comune che include solo un lato del viso e rivela sarcasmo o confusione è il "mezzo sorriso". Potresti anche notare una leggera smorfia prima che qualcuno sorrida di meno di un secondo. Di solito significa che la persona sta nascondendo dietro un sorriso finto il suo disagio. Le labbra strette, serrate, spesso mostrano frustrazione, mentre una bocca rilassata dimostra un atteggiamento rilassato e un stato d'animo ottimista. Un esempio di inganno può essere quello di coprire la bocca o sfiorarsi le labbra con le mani o le dita mentre si parla.

Presta attanzione alla prossimità

La vicinanza è la distanza tra l'altra persona e te. Fai attenzione a quanto vicino qualcuno si trova o si siede rispetto a te per decidere se ti considerano in modo positivo. Stare in piedi o sedersi vicino a qualcuno può essere uno dei modi migliori per valutare il grado di relazione. D'altra parte, se qualcuno arretra o si allontana man mano che ti avvicini, questa potrebbe essere un'indicazione che la connessione non è reciproca e l'individuo potrebbe avere delle intenzioni sinistre. Si può dire molto sul tipo di relazione che due persone hanno solo guardando la loro vicinanza.

Tieni presente che durante il contatto, alcune culture preferiscono più o meno spazio, quindi la prossimità potrebbe non essere sempre un indicatore accurato dell'affinità e dell'intento di qualcuno.

Osserva se ti stanno imitando

Come detto in precedenza, il mirroring include l'imitazione del linguaggio del corpo dell'altra persona. Controlla se la persona imita il tuo comportamento quando interagisci con qualcuno. Ad esempio, se ti siedi con qualcuno a un tavola e ti appoggi al tavolo con un gomito, attendi 10 secondi per vedere se l'altra persona sta facendo la stessa cosa. Un'altra azione comune di mirroring include il sorseggiare simultaneamente da una bevanda. Cerca di regolare la postura del corpo per vedere se simili adattamenti vengono fatti dall'altra persona. Con i suoi tentativi di imitarti, puoi facilmente rilevare qualcuno che cerca di controllarti e puoi anche usare questo trucco per ottenere il controllo di qualcun altro.

Presta attenzione al movimento della testa

Il ritmo con cui una persona annuisce mentre parli mostra pazienza - e mancanza di pazienza. Un rapido cenno significa che la persona è interessata a ciò di cui stai parlando e vuole che continui a parlare. Un cenno brusco implica che la persona ha sentito abbastanza e che vuole che tu finisca di parlare e gli dia la parola. Nella conversazione, inclinare la testa lateralmente può essere un segno di curiosità in ciò che l'altra persona dice. Voltare la testa all'indietro può essere un segno di dubbio e confusione. Le persone spesso indicano le persone che sono interessate a loro e hanno una connessione con loro con la testa o il viso. Puoi determinare all'interno di gruppi o riunioni chi sono le persone influenti in base alla frequenza con cui vengono guardate dalle persone. D'altra parte, gli individui meno importanti vengono guardati meno frequentemente.

Prendi nota dei piedi dell'altra persona

I piedi sono una parte del corpo da cui le persone spesso lasciano trapelare segnali non verbali significativi. Il motivo per cui le persone trasmettono messaggi non verbali inavvertitamente attraverso i loro piedi è che sono generalmente così concentrati sulla gestione delle loro espressioni facciali e sul posizionamento della parte superiore del corpo che gli indizi fondamentali sono esposti attraverso i piedi. Una persona di solito punterebbe i piedi nella direzione in cui vuole andare quando è in piedi o seduta. Quindi, se vedete i piedi di qualcuno che puntano nella vostra direzione, può essere una buona indicazione che questi ha un'opinione favorevole su di voi. Si riferisce alla comunicazione tra individui e gruppi. Inoltre, solo osservando il linguaggio del corpo delle persone coinvolte puoi dire molto sulle dinamiche di gruppo, in particolare da dove puntano i loro piedi. Tuttavia, se qualcuno sembra intrattenere una conversazione con te, ma i suoi piedi puntano nella direzione di qualcun altro, è possibile che preferisca parlare con quella persona (indipendentemente dal fatto che la parte superiore del corpo suggerisca il contrario).

Osserva i segnali manuali

Come dai piedi, quando si considera il linguaggio del corpo, anche dalle mani trapelano cruciali segnali non verbali. Questo è un suggerimento importante, quindi presta molta attenzione a questo prossimo aspetto quando interpreti il linguaggio corporeo. Osserva le mani nel linguaggio del corpo quando stanno nelle tasche. Cerca diversi segnali manuali, come mettere le mani in tasca e le mani sul viso. Dal nervosismo all'inganno vero e proprio, questo può significare qualcosa. Rivolgersi inconsapevolmente verso qualcun o qualcosa attraverso i gesti delle mani è molto eloquente. Un individuo tende a rivolgersi nella direzione generale della persona con cui condivide un legame quando effettua movimenti delle mani (questo segnale non verbale è particolarmente importante da tenere d'occhio durante le riunioni e quando si interagisce in gruppi).

Posizionare un gomito sul tavolo e sostenere la testa con la mano può dimostrare che la persona sta ascoltando o cercando di rimanere concentrata. La noia può essere mostrata sostenendo la testa con entrambi i gomiti sul tavolo, d'altra parte. Quando una persona tiene un oggetto tra lui o lei e l'individuo con cui comunica, questo funge da scudo per ostacolare l'altra persona. Ad esempio, quando due persone parlano e una persona tiene un documento di fronte a sé, questo è chiamato gesto di blocco del contatto non verbale.

Esamina attentamente la posizione delle braccia

Questo è particolarmente importante per rilevare e praticare l'ipnosi. Pensa alle braccia di un individuo come alla porta di ingresso del corpo e del suo io. Se una persona, quando parla con te, incrocia le braccia, questo è generalmente visto come un movimento protettivo e bloccante. Depressione, insicurezza o una mente chiusa possono anche essere mostrate da braccia incrociate. Se un sorriso genuino o una posizione tutto sommato comoda accompagnano le braccia incrociate, questo può suggerire un atteggiamento positivo e rilassato. Mettere le mani sui fianchi sono comunemente usate per intimidire, e più spesso dagli uomini che dalle donne. Il movimento delle braccia sopra le spalle potrebbe essere un tentativo ipnotizzante.

Applicazione pratica del linguaggio del corpo da parte dell'FBI

Il Federal Investigation Bureau (FBI) ha persone estremamente precise che analizzano gli atteggiamenti degli individui. Hanno migliorato le capacità e le tecniche di lettura delle persone. Gli psicologi forensi erano qualificati per esaminare qualsiasi aspetto dell'interazione tra individui per vedere se questi dicono la verità. Sono alla ricerca di modelli o incongruenze nei comportamenti criminali. Se vuoi diventare più esperto nell'osservare le persone e vuoi essere bravo a leggere gli altri, l'FBI ha alcuni metodi utili per guidarti nella giusta direzione.

Esempio:

In 40 secondi dopo un colloquio con un'imputata di 42 anni che presumibilmente aveva aggredito un minorenne, la polizia ha acquisito dati preziosi. La conversazione è continuata dopo che gli ufficiali le avevano letto i suoi diritti e ottenuto informazioni generali dall'imputato sotto accusa - le attività non verbali erano in corsivo.

"Mary, sai perché sei qui oggi?" chiese *l'investigatore. "Maria disse, 'Non lo so.' Sorrise, si chinò in avanti, e mostrò l'angoscia sul suo viso. Il suo tono era dolce.*

Il pubblico ministero disse: "Beh, il motivo per cui sei qui oggi è che ti è stata mossa un'accusa.

"Ok", rispose Mary. Parlava con calma mentre inclinava la testa."...

Hai aggredito Joe", ha continuato l'investigatore.

Le sopracciglia di Maria si alzarono e i suoi occhi si aprirono di modo che i bianchi sopra i suoi occhi potessero essere visti. Si oscurò in volto e aprì la bocca.

"Sai chi è Joe?" domandò l'investigatore

"Maria rispose,' non ne ho idea.' Scosse rapidamente la testa e diede un breve sguardo di delusione, con una micro-espressione.

L'investigatore disse, "Joe vive da te in fondo alla strada.

Maria (mostrando un altro sguardo di disagio, con una micro-espressione) rispose: "Cosa?" Parlava magnificamente, appoggiandosi in avanti e sorridendo.

L'investigatore chiese: "L'hai aggredito secondo l'accusa. Ha tredici anni. Te lo dico fuori dai denti, hai qualcosa a che fare con questo?

Mary rispose (sorridendo), "No. Ha sicuramente colpito... È stata una notte in cui abbiamo trascorso la serata (sorridendo) e quella notte si stava comportando in modo davvero bizzarro e non si è verificato nulla."

Quando a Mary fu chiesto all'inizio se capisse perché era sotto interrogatorio, Mary sorride, si chinò indietro, sembrando preoccupata, e disse con tono morbido: "Non ne ho idea". Il suo atteggiamento sornione, quasi civettuolo, ha indicato che questa potrebbe essere una caratteristica importante della sua personalità. Mary disse "Ok" quando un'accusa le ere stata mossa dall'investigatore. Ciò significava che Mary aveva riconosciuto di cosa stava parlando l'investigatore e era in grado di parlare del suo coinvolgimento nell'incidente. Avrebbe anche potuto dimostrare che Mary aveva semplicemente continuato l'interazione comprendendo ciò che veniva detto, riconosciuto come contatti back-channel. Capire il suo background potrebbe aiutare a fare questa distinzione per l'investigatore.

Gli occhi di Maria che si allargavano per un istante mostrarono paura, indicando che era spaventata da qualcosa ma cercava di controllare la sua facciata esteriore - rispetto a qualcuno innocente o spaventato dall'incredulità, nel qual caso la paura non sarebbe stata mostrata da una micro-espressione. Quando Mary disse che non aveva idea di chi fosse Joe ma ebbe due micro-espressioni di rabbia, significava che sapeva esattamente chi fosse Joe: parte della sua mente stava analizzando prove che erano incoerenti con ciò che aveva detto. Ha anche ammesso che, negandolo, conosceva Joe dicendo: "Ha sicuramente colpito ..." prima che si fermasse. Maria disse: "È stata una notte..." indicando che sapeva di questo incidente. Poiché Mary cercò di fermare la conversazione dicendo "non è successo nulla", significava che era successo qualcosa, ma ha trascurato i dettagli.

Come abbiamo visto da questo esempio di vita reale, padroneggiare il linguaggio del corpo è una necessità quando si tratta di manipolazione mentale e tentare di diventare un maestro manipolatore. Ma cosa succede se ti senti come se fossi manipolato probabilmente sotto il lavaggio del cervello, come puoi essere sicuro e quali passi puoi fare? Il prossimo capitolo ci illuminerà su questo.

SINTESI

Chiediti,

Nel frattempo penso di poter avviare una routine per aiutarmi a padroneggiare l'arte di leggere il linguaggio del corpo?

Quale di queste abilità dovrei imparare prima?

Quindi, man mano che progredisco, come posso imparare due o più abilità insieme?

CAPITOLO BONUS
SAPERE SE TI STANNO FACENDO IL LAVAGGIO DEL CERVELLO E INVERTIRE LA ROTTA

I seguenti suggerimenti ti aiuteranno a determinare se sei manipolato da qualcuno, specialmente da un partner violento poiché il lavaggio del cervello emotivo è uno dei casi più comuni di lavaggio del cervello nel nostro mondo attuale.

Come riconoscere che ti stanno facendo il lavaggio del cervello?

Se riesci a spuntare due o più dei punti elencati, potresti essere sotto l'influenza del lavaggio del cervello.

- Vieni incolpato per cose che non erano colpa tua, o che non hai nemmeno fatto.

- Ti sei isolato dai tuoi amici e familiari nel tentativo di mantenere felice il tuo carnefice / manipolatore.

- Anche il modo in cui vedi il mondo può cambiare completamente, perché potrebbe essere pericoloso per te conoscere la verità.

- Incapacità di sapere quello che sai.

- Essere sminuito con commenti svilenti e insulti.

- Cercare costantemente di rendere felice l'altra persona.

- Diventare prigioniero nella tua vita.

- Venire privato della propria privacy.

INVERTI LA ROTTA

Si può guarire dal lavaggio del cervello? Assolutamente. Potresti guarire dal lavaggio del cervello e riprenderti dagli abusi domestici una volta compreso che l'hai sopportato. Per prima cosa, scopri come sei passato sotto il controllo del tuo carnefice tramite i metodi di lavaggio del cervello. E impara a trasformare il lavaggio del cervello in autocontrollo mentale. Ci sono alcuni interventi elencati che possono aiutarti a sbarazzarti del lavaggio del cervello e di tutti gli altri tipi di controllo mentale:

ANALISI

Attraverso l'utilizzo di metodi analitici, puoi sviluppare una migliore comprensione delle **parti** che può aiutarti a raggiungere i tuoi obiettivi e impedirti di raggiungerli.

- **Auto-analisi:** Iniziare ad analizzare se stessi è un ottimo modo per iniziare a comprendere i comportamenti e valutare le intenzioni degli altri. Tieni nota delle tue azioni e osserva come se seguissi qualcun altro. Rifletti sul perché hai intrapreso un'azione e se questo ha facilitato o ostacolato i tuoi sforzi per raggiungere i tuoi obiettivi in generale.

- **Analizzare gli altri:** inizia analizzando qualsiasi

comportamento che una persona adotta e prendendone nota. Assicurati quanti più dati possibile. Includi qualsiasi umore, gesto, risposta o emozione che sia insolito. Ipotizza intenzioni palesi o presunte che questo desiderio continui.

PONI FINE AL TUO ISOLAMENTO

Aprirsi a uno psicologo, un social network, una community, un club, amici e familiari su qualsiasi cosa è il modo più semplice per superare qualsiasi ansia tu abbia. Se potessi iniziare a parlare **dei soprusi che subisci**, sarebbe meglio! Il lavaggio del cervello, così come la violenza richiede segretezza, richiede isolamento. Togliersi dall'isolamento di per sé non mette fine al lavaggio del cervello. Nel tuo mondo surreale e plagiato, devi circondarti di persone che sanno che sei stato manipolato e che fungono da voci della ragione.

ISTRUISCITI SU TUTTI I TIPI DI MANIPOLAZIONE

La conoscenza è la forza che puoi usare per resistere agli sforzi del tuo carnefice per manipolarti e umiliarti. È meno probabile che ti senta in colpa per le parole e le azioni del tuo carnefice perché sai che egli ti sta manipolando per mantenere il controllo su di te, NON perché le minacce siano reali. Conosci il più possibile la manipolazione e l'abuso. A breve, sarai in grado di identificare i tipi di abusi verbali che il tuo partner utilizza contro di te. Questo ti aiuterà a separarti un po' dalle parole e azioni abusive in quanto saprai esattamente come il tuo carnefice sta cercando di farti del male. Conoscere la violenza ti aiuta a combattere contro sentimenti plagiati quali "Questo è comune" o "Ho sbagliato". Impara che tipi di abuso esistono, come sono fatti, come suonano, e fai attenzione a come ti fanno sentire. Puoi iniziare imparando l'abuso verbale (che coinvolge anche il linguaggio del corpo!).

ACCETTA PENSIERI DOLOROSI E ANSIE

A volte sentirai emozioni spiacevoli mentre ti riprendi dal lavaggio del cervello, deprogrammi la tua mente e lasci il mondo del tuo aguzzino. La verità fa male, soprattutto quando i tuoi abusi sono stati traumatizzati. Alcuni dei tuoi pensieri di adattamento (cioè "Lei intende farmi del male" e "Lui è dolce nel profondo") si riveleranno falsi. Sperimenterai la paura quando accetterai che il tuo carnefice voglia farti del male e che il suo viso dolce sia la sua maschera. Paura profonda e angosciante per la persona che ami. Non c'è momento migliore di adesso se non hai ancora trovato un terapeuta fino ad ora.

DA USARE PER ALLEVIARE LO STRESS DA PAURA E ANSIA

Lasciare il proprio carnefice è uno dei migliori modi per alleviare lo stress per le vittime di abusi. Puoi trovare più tranquillità di quanto tu possa immaginare senza il fiato sul collo di quello stronzo. So che tuttavia alcuni di voi non sono disposti ad andarsene. Potreste aver già deciso di rimanere per sempre. Altri modi per affrontare lo stress e l'ansia includono anche tante opportunità quante sono le persone in tutto il mondo. Per scoprire cosa funziona per te, prova esercizi di respirazione profonda, cure mediche adeguate, buona alimentazione, esercizio fisico, ciclismo, buona musica / ipnosi dei film per le vittime di abusi e altri approcci.

Il tempo necessario per liberarsi dal lavaggio del cervello emotivo varia per individui diversi e dipende totalmente da te o dalla persona che viene emotivamente sottoposta al lavaggio del cervello e dalla loro determinazione ad essere liberi. Potrebbe non sembrare facile, ovviamente, non sarà facile uscire da tale lavaggio del cervello emotivo e abuso specialmente se ti capita di avere avuto una relazione del genere per anni e se hai avuto bambini durante la relazione, ma sicuramente, è possibile liberarsi da tali individui manipolatori e vivere una vita felice. Se tante persone si sono liberate dal lavaggio del cervello emotivo, anche tu puoi essere libero. Assicurati solo di seguire le linee guida elencate in questo libro e di applicare i passaggi localmente in base alla tua situazione e al tuo ambiente.

SINTESI

Chiediti,

In che modo potrei iniziare a liberarmi?

Che lasso di tempo mi do per liberarmi?

Quali passi concreti posso intraprendere per cercare di essere libero?

CONCLUSIONE

Questo manuale ci ha messo del tempo ad affrontare le diverse forme di controllo mentale presenti nel mondo di oggi, nonché molte delle tattiche e dei metodi che vanno di pari passo con ognuna di esse. Ogni tecnica di controllo mentale funziona in modo diverso. Il lavaggio del cervello mira a costringere l'individuo a cambiare la propria intera identità usando l'umiliazione, la vergogna e infine offrendo un modo per sentirsi meglio e che è in linea con la nuova identità desiderata.

L'ipnosi consente all'individuo di entrare in un nuovo stato mentale alterato in cui è più probabile che egli sia percettivo e aperto a nuove idee. D'altra parte, la manipolazione e l'inganno possono spostare l'attuale processo di riflessione del soggetto usando il sotterfugio come tattica primaria, mentre la persuasione include la manipolazione dei valori, delle percezioni, dei desideri, degli obiettivi e delle azioni di una persona.

Ad eccezione del lavaggio del cervello e della manipolazione, il controllo mentale è una tecnica che può essere utilizzata per raggiungere in modo positivo i tuoi obiettivi e i tuoi scopi. Dipende tutto dal tipo di controllo mentale utilizzato e dall'intenzione dell'individuo di usarlo. Dipende anche se ciò andrà a vantaggio dello scopo o dell'oggetto del controllo mentale.

Facendo un esame di coscienza, pensi di essere mai stato sotto l'influenza o di essere attualmente sotto l'influenza di uno dei metodi di controllo mentale precedentemente citati? I passaggi delineati in questo libro ti aiuteranno a liberartene.

Il libro ha anche mostrato i modi con cui puoi imparare l'arte della manipolazione mentale. Se presti molta attenzione, riconosci dove dovresti migliorare e agire per migliorare, in breve tempo potrai diventare un maestro di tutte le forme di manipolazione mentale. Tieni sempre presente però che quando accendi una candela, proietti anche un'ombra. Quindi ci saranno conseguenze per ogni singola azione che intraprendi. Che questo ti serva da guida mentre continui il tuo percorso per diventare un maestro della manipolazione mentale.